Barbara Bayer

Surf Mia, Surf!

Surf Mia, Surf!

Barbara Bayer

epubli

Impressum

Texte:	© Copyright by Barbara Bayer
Umschlag:	© Copyright by Anja Grohmann
Verlag:	epubli - ein Service der neopubli GmbH, Berlin
Druck:	epubli - ein Service der neopubli GmbH, Berli

Danke

Meine Sommer-Freunde

Der größte Dank gilt all meinen Weggefährten. All jenen, die mich auf meinen unzähligen Trips begleiteten.
Ihr habt dieses Buch zum Leben erweckt und mir immer wieder Lebensenergie eingeflößt.

Von meinen ersten Surferfahrungen mit Lifeguards in Kalifornien, über mein erstes Surfcamp in Frankreich und den unglaublichen Monaten in Galizien.
Ihr, meine Begleiter, habt diese Monate so lebenswert gemacht. Ganz egal ob eine flüchtige Begegnung im Surfcamp, ein lustiger Abend im Camping Restaurant oder Surf-Sessions, ihr seit die Seele dieses Buches.
Ich danke euch von ganzem Herzen!

Meine Familie
Ihr macht meinen Drang zu fliegen mit.
Erkennt wann ich Boden unter den Füßen brauche oder mehr Freiraum, um mich entfalten zu können.

Dass ihr das nicht immer versteht, ist mir bewusst.
Dass ihr immer versucht es zu verstehen, bedeutet mir alles.

Ich danke euch, dass ich mich bei euch allen, dem verrückten Haufen, immer zu Hause fühlen darf.

Julia

Du bist Alles!

Dich könnte ich hier nicht auslassen.

Surfen, Snowboarden, Skaten oder sonstige verrückte Dinge die ich mache, sagen dir nicht viel.

Das ist auch nicht nötig.

Du kennst mich wie mich keiner kennt. Du bist da.

Ob ich surfen war, am Berg war oder gerade aus Kalifornien retour komme ist für dich nicht wichtig.

Du bist da und wir werden immer sein!

Danke, dass es dich gibt!

Eyleen

Mein kleiner Zwerg. Du bist mein kleiner Stern. Du erhellst meine Welt. Du bist Du und dich kann man nicht in Worte fassen. Pure Liebe.

Sei dir sicher, wir rocken die Zukunft! Wo wir wohl gerade sitzen, wenn du diese Zeilen liest. Ich hinterlasse dir und deinen Freunden diese Welt so schön wie möglich.

Das ist mein Versprechen an dich.

Die Realität

Mein Wecker läutete wie an jedem Wochentag um 05:25 Uhr. Wie jeden Morgen stand ich auf, machte mir Kaffee. Versuchte den Start in den Tag, so gut es ging zu genießen. Ich peppte meinen Kaffee mit Kokosöl auf, da mir die Zeit und Muse zum Frühstücken fehlte. Eine Notlösung. Jedoch besser als ein knurrender Magen.
Ab in die Dusche. Ein weiterer acht Stunden Tag im Büro konnte beginnen.

Ich würde, wie immer, funktionieren. Meine Arbeit erledigte ich trotz der Tatsache, dass es mir mehr und mehr widerstrebte, rasch und zuverlässig. Die Menschen rundum mich erwarten das. Ich liefere ab. Immer.

Mein Blick wanderte allerdings ständig auf die Uhr. Ich rechnete mir aus wie lange ich noch bleiben muss. Oft fragte ich mich, ob es das hier wert ist. Ist mir das geregelte Einkommen so wichtig? Muss es sein, dass ich mich täglich in ein Büro quäle, in dem ich unglücklich bin. Aggression,

Wut, Verzweiflung und ein Stück Mutlosigkeit machten sich in mir breit. Tag für Tag.

Endlich war es 16:30 Uhr, ich packte meine Sachen an diesem Tag pünktlich. Das warme Wetter wollte ich den Rest des Tages noch nutzen.

Zeit für die Dinge im Leben, die mein Herz höher schlagen lassen.

Ich liebe jegliche Art von Boardsport. Dafür schlägt mein Herz. Surfen steht an erster Stelle. Nicht ganz einfach, inmitten der Alpen. Aber mit Planung gehen sich ein paar Wochen im Jahr am Ozean aus.

Ich wollte nach der Arbeit, so schnell es ging zum See fahren. Ich nutzte die letzten Sonnenstrahlen des Tages gerne und paddelte eine Runde mit meinem Surfboard in dem klaren, glatten Wasser. Abhebenden Flugzeuge des nahen Flughafens spiegelten sich darin und verursachten Fernweh. Ich sah, statt den Wellen am Horizont, einigen Leuten beim Wakeboarden zu.

Diese Leute, denke ich bei mir, hatten einen langen Tag. Genießen die letzten Sonnenstrahlen mit dem Fahrtwind, der ihnen bei einer Geschwindigkeit von 30 Kilometer pro Stunde, um die Ohren saust.

Meine Arme machten lange Züge durch das Wasser. In Gedanken paddle ich raus in eines der unzähligen Lineups. An einem der unzähligen Strände, die sich rundum die Welt finden lassen. Ein echtes Lineup, denke ich bei mir. Mit Surfern die auf ihren Boards sitzen und auf ihre Welle warten. Ich paddle vom Strand los, habe den Horizont im Blick. Tauche unter den gebrochenen Wellen durch, immer in Richtung Horizont, bis ich endlich den Punkt erreiche, an dem sich alle Surfer auffädeln. Das Lineup. Der Platz, an dem ungebrochene Wellen zu unserem Spielplatz werden. Der Punkt an dem Surfer lospaddeln, um ihre perfekte Welle zu erwischen.

Einmal bin ich in Gedanken in Frankreich und sehe vom Wasser aus auf die mächtigen Dünen.

Ein anderes Mal spüre ich wie meine kalten Zehen im Wasser baumeln. Wie in Galizien, Spanien wo das Wasser im August oft nicht über 17 Grad erreicht.

Unzählige Male, schweifen meine Gedanken an einen dieser Strände ab.

Unzählige Male, zieht es mich zurück in die Realität. Zurück an den See, in dem ich versuchte, meine Paddle-Power für den nächsten Surftrip aufrechtzuerhalten. Der nächste Surftrip.

Wo würde es mich hinziehen? Welchen Strand würde ich auswählen? Oder gibt es dieses Jahr eine Überraschung und ich werde von einem Strand ausgewählt?

Es war zehn Monate her. In diesen Monaten durfte ich keinen Sand eines Strandes unter meinen Füßen spürte und in kein Lineup paddeln.

Lange Monate mit harter Arbeit, viel Sport, keinen Wellen. Keinen Sonnenuntergängen am Meer und wenigen Abenteuern, wenn ich von dem Abenteuer „Leben mit Nine-to-Five Job“ absieht.

Dieses Abenteuer birgt weder Gefahren noch hervorzuhebende Erlebnisse. Kleine Erfolge in der Arbeit motivierten mich weiterzumachen, boten mir ein Gefühl etwas zu erreichen. Sie wogen aber niemals die Erlebnisse und Glücksgefühle auf, die ich während eines Surftrips spürte.

Die kleinen Erfolge ließen mich funktionieren. Sie ließen mich in der Früh aufstehen und meinen Tag überstehen.

Sie boten mir keine wahre Zufriedenheit. Diese Erfolge powerten mich nicht auf gesunde Weise aus, sondern raubten mir noch mehr Energie.

Trotzdem strebte ich tagtäglich nach diesen Erfolgen, um mein Tun, für mich selber rechtfertigen zu können.

Der nächste Schritt muss besser werden, ich muss noch schneller, effizienter und qualitativ hochwertiger arbeiten. Das war es, worum meine Gedanken sich täglich drehten. Ich verlor das Gefühl für mich selber aus den Augen. Ich wollte mehr erreichen, wertvoll sein. Verlor meine Bedürfnisse aus den Augen. Was bin ich in einer weltweit agierenden Organisation wert, wenn ich nicht über mich hinaus wachse? Grenzen des Möglichen verschiebe? Mich hinten anstelle und die Firma an erste Stelle bringe.

Ich musste der Welt zeigen, was ich kann.

Und dann, ein Erfolgserlebnis. Großartig gemacht, denke ich kurz. Ich erlaube es mir einen Moment lang zu genießen.

In dem Strudel aus Arbeit, Freizeit und To-do`s, gab es eine Sache, die mich am Laufen hielt.

Mein nächster Surftrip. Ein Monat lang. Jedes Jahr. Aber immer nur ein Monat lang.

Nach dieser Verschnaufpause ging es zurück an den Schreibtisch. Die Monate, Wochen und Tage konnten nicht schnell genug vergehen. Bis es auf eine Neues hieß: Koffer packen, Auto einräumen, Navi einschalten und die Welt rundherum vergessen.

In den Tagen vor der Abreise wurden sämtliche Surf-Apps gecheckt. Die Wellenvorhersage für den geplanten Ankunftstag in Erfahrung gebracht. Egal was in dieser Vorhersage stand. In dem Moment waren es immer perfekte Bedingungen. Jede Welle ist perfekt, wenn du elf Monate keine Wellen sehen, fühlen und riechen konntest.

Die Aufregung war in jedem Fall groß und die Vorfreude nahezu grenzenlos.

Zurück in der Realität spürte diese für mich wertvollen letzten Sonnenstrahlen am See. Ließ meine Hände durch das Wasser gleiten, um voranzukommen. Spürte den Druck des Surfboards unter mir und stellte mir ein Set vor. Einige Wellen hintereinander, von denen jeder Surfer im Lineup eine erwischen will.

Die erste Welle aus dem Set kommt, Board an den Seiten greifen und unten durch tauchen. Einen tiefen Duckdive hinlegen damit ich schneller durch die Welle komme. Weiter paddeln. Duckdive. Wieder paddeln und das Set ist durch. Es donnerte mit enormer Kraft an den Strand.

So, oder so ähnlich lief es jedes Mal ab, wenn ich meine Runden am See drehte. Ich nutzte die Kraft meiner Gedanken, um mir eine Welt aufzubauen, in der es nichts außer den Wellen und mir gab. Es war eine gute Paddeleinheit. Meine Muskeln im Oberkörper schmerzten, bauten sich auf, um mich bei meiner nächsten Reise nicht im Stich zu lassen.

Ich stapfte aus dem See, stand am Ufer und beobachte die Sonne. Langsam ging sie hinter den Hügeln der Stadt unter. Auf dieses Ritual verzichtete ich nie. Ich liebte es nach dem Paddeln dazustehen. In Gedanken bedankte ich mich für die schöne Zeit, die ich im Wasser verbringen durfte und ging langsam zum Auto.

Als ich mich aus meinem Neoprenanzug schälte, spürte ich ein vertrautes Gefühl. Ein Gefühl, das ich nach jeder Surf-Session hatte, ein Gefühl, das schöner ist als alles Andere auf der Welt. Es hält nicht lange. Ich war gerade nicht surfen. Ich war paddeln, um für den Moment, in dem es Wellen gibt, fit zu werden. Als alles im Auto verstaut war, machte ich mich auf den Weg. Ein vertrauter Weg, quer durch die Stadt.

Ich beobachtete das Treiben der Stadt. Menschen waren unterwegs. Wohin gingen sie, was war ihr Ziel, hatten sie Träume die sie, wie ich, in ihren Gedanken zum Leben erweckten?

Ich war mir sicher, dass ich nicht die Einzige war. Der Mann mit dem Kinderwagen auf der anderen Straßenseite. Träumte er von einem Haus mit Garten, um sein Kind groß zu ziehen? Das Mädchen mit dem Skateboard, träumte sie davon groß herauszukommen und die Skateboard Streetleague zu gewinnen? Hat sie in ihren Träumen schon alle wichtigen Contests, die es gibt gewonnen?

Ich musste mich wieder auf die Straße konzentrieren. Nur all zu oft passierte es mir, dass ich mich in meinen Gedanken verlor und unaufmerksam wurde.

In dem Moment, als ich den Blinker setzte und in meine Straße einbog, riss mich das laufende Radio aus meinen Gedanken.

Klischeehaft und etwas unwirklich sagt der Moderator einen Klassiker an. Ein Stück Musikgeschichte. Von Musikern, die mit Surfen nur wenig am Hut haben.

„Everybody is going surfing…Surfin`USA.“

Von San Francisco bis Waiamea Bay, das wäre es doch. Alles stehen und liegen lassen. Die Koffer packen und raus aus dem Trott. Raus aus dieser Realität, in der ich von einem Erfolg zum nächsten lebe.

Warum nicht?

Warum packe ich nicht alles was ich brauche? Lasse alles, was ich jemals dachte zu brauchen hier und verabschiede mich von den kleinen Erfolgen, um das Gefühl der perfekten Welle jeden Tag zu spüren?

Das Gefühl etwas zu schaffen zu spüren, egal, wie es im Endeffekt ausging. Ob ich die perfekte Welle tatsächlich finde, oder nur das Gefühl verspüre das zu tun, was in dem Moment das Richtige ist.

Warum lasse ich meine Arbeit, meine Wohnung, meine Habseligkeiten nicht hinter mir und gehe?

Lange saß ich noch am Parkplatz, dachte darüber nach, was wäre, wenn ich alles was ich brauche, in dem Moment in meinem Auto hätte und losfahren würde.

Wieder war es das Radio, das mich aus meinen Gedanken riss.

„Es ist 19:00 Uhr und hier die Schlagzeilen, Wetter und Verkehr zum heutigen Tag …“

Nein, ich wollte nicht hören welcher Staat gerade wieder in den Miesen hängt. Welche Staaten versuchten einen Schirm zu spannen. Ich wollte auch nicht hören, wo Menschen gerade im Stau stecken. Nein, ich wollte auch nicht hören, dass es am Wochenende regnen wird.

Ich holte mein Surfboard und meinen tropfenden Neo aus dem Kofferraum und nahm den Lift zu meiner Wohnung.

Der vertraute Geruch, das geborgene Gefühl der eigenen vier Wände tut trotz allem, jeden Tag auf das Neue gut.

„Danke liebe Wohnung, dass du mich jeden Abend mit Geborgenheit begrüßt“ dachte ich, als ich die Tür hinter mir schloss.

Ich legte alles an seinem gewohnten Platz und machte mir einen Tee. Einen Zimt-Tee, ein Mitbringsel meiner Mam von den Seychellen. Der Tee wärmte mich auf eine angenehme Art und Weise. Mein Körper war müde von dem langen Tag im Büro und dem kalten Wasser des Sees. Er war nicht wegen der körperlichen Anstrengung müde. Er war müde, weil etwas fehlte.

Vom Wind umschmeichelte Klippen, vom Ozean geformter Sand und die schier unendliche Kraft der Wellen, die meinen Körper oft herumwirbeln, bis ich nicht mehr wusste wo oben und unten war. Das und noch viel mehr war es, was meinem Körper fehlte.

Am Tisch entdeckte ich den Stormriders Guide Europe. In dem Buch im A4 Format finden Surfer jeden bekannten Surfspot in Europa. Zu jedem dieser Spots gibt es eine kurze Beschreibung.

Einige davon kannte ich aus früheren Trips und Urlauben.

Viele waren von mir noch unerforscht. Ich wollte alles daran setzen, so viele verschiedene Wellen wie möglich kennenzulernen.

Ich war am Vorabend dabei, meinen Trip für dieses Jahr zu planen. Mir war noch nicht klar an welchen Ort ich wollte. In dem Fall war der Trip Advisor für Surfer nicht die größte Hilfe. Ich musste mir selbst darüber klar werden, was ich wollte.

Sollte es wieder Nord Spanien, mit einem kleinen Zwischenstopp in Frankreich werden? Einem kleinen Zwischenstopp in meinem Lieblingscafe an der Küste von Landes, nahe Hossegor, in dem ich aber tatsächlich erst dreimal in meinem Leben Kaffee getrunken hatte?

Sollte es der gewohnte Trip werden, bei dem ich mir sicher sein konnte die Menschen, die mir begegnen zu kennen? Bei dem ich vor der Abfahrt schon wusste, wo mein Zelt stehen würde?

Sollte es die Reise werden, bei der ich in einem Monat mehr Regen abbekomme, als daheim das ganze Jahr? Ja, dachte ich mir. Ja, ich möchte meine Sommerfreunde sehen. Ich möchte in mein geliebtes Cafe` in Frankreich, das so einfach und doch so charmant eingerichtet war. Ich möchte die neue Autobahn in Spanien entlangfahren und danach in einem kleinen Dorf an der Küste landen. Dort möchte ich mein Zelt aufschlagen und gleich am ersten Abend, mit meinen Freunden zusammen eine gute Flasche Wein in unseren Campingsesseln genießen.

Voller Vorfreude ging ich ins Bett und träumte von den endlosen Stränden in Frankreich. Ich träumte von den vielen Buchten in Spanien. Dem

Regen, der mich das eine oder andere Mal in Nord Spanien auf Trab halten würde.

Die Entscheidung

Am nächsten Tag war alles anders.

Als sich der Tag im Büro langsam der lang ersehnten Mittagspause näherte, verfiel ich in einen Tagtraum.

„Ich übergebe meine Wohnungsschlüssel einem mir fremden Pärchen. Mein Auto ist randvoll und am Dach finden sich drei Surfboards. Als ich mich umdrehe und in das Auto steigen will, sehe meine engsten Freunde. Alle sind da, um sich zu verabschieden. Ich gehe. Ich gehe nicht nur für den Sommer. Verlasse meine Heimat, um gen Süden zu reisen. Eine Reise ins Unbekannte. Eine Reise die so schnell nicht enden würde."

Das Telefon reißt mich aus meinen Gedanken.

„Mia, ich brauche bitte die Monatsaufstellung bis morgen Nachmittag. Das schaffst du, oder?" hörte ich meine aufgebrachte Kollegin hoffnungsvoll in das Telefon prusten.

„Soweit ich weiß, sollte das diesen Monat Max erledigen“ schießt schneller als mir lieb ist aus meinem Mund.

„Max schafft es nicht Mia. Du kennst ihn ja. Tausend Sachen anfangen, aber nichts richtig. Bitte hilf mir das eine Mal noch aus. Ich weiß, dass ich mich auf dich verlassen kann“ ertönt es verzweifelt aus dem Hörer.

„Also gut. Du kriegst deine Aufstellung. Morgen Mittag liegt sie in deinem Postfach“ gebe ich amüsiert als Antwort.

Natürlich wusste ich, dass diese Monatsaufstellung auf mich zukommen würde. Es war noch nie anders, wenn es Max machen sollte. Ich hatte sie in ein paar Stunden fertig. Erfolg. Check.

Daheim angekommen bastelte ich an meinen Urlaubsplänen. Irgendwie wollte sich die Vorfreude nicht so richtig einstellen. Ich spürte, dass ich viel mehr als das Gewohnte wollte. Ich wollte mehr, wollte länger bleiben und wollte einmal im Leben nicht das Gefühl haben, das ganze Jahr in einem Monat erleben zu müssen.

Ich wollte eine Reise ohne geplantes Ende. Wollte Zeit haben, um alles zu erleben was es zu erleben gibt. Alles in mir verlangte nach Freiheit.

Keinen Tag konnte ich mehr, mit dem Wissen, dass es am nächsten Tag wieder gleich sein würde, um 5:25 Uhr aufstehen, um meine kleinen Erfolge zu feiern.

In diesem Moment traf ich, absolut bewusst, eine Entscheidung, von der ich wusste, dass sie mein Leben verändert. Ich wusste, dass es nie wieder sein würde wie vorher. Ich werde gehen. Ich werde meine Sachen packen, mein Auto volltanken und surfen. Einfach nur surfen. Solange ich will.

Dieser Entschluss hob meine Stimmung kräftig an, verursachte aber auch ein unangenehmes Gefühl von Angst, ganz tief in mir drinnen. Wie oft hatte ich schon darüber nachgedacht alles hinzuschmeißen und einfach zu gehen. Unzählige Male ließ ich meine Gedanken um diesen Entschluss kreisen. Genau so viele Male machte ich aber auch einen Rückzieher. Verfiel doch wieder in den gewohnten Trott und lebte dafür, ein Zwölftel des Jahres mit Surfen zu verbringen. Ich tröstete mich mit Aktivitäten, die ich in der Nähe machen konnte. Versuchte das Jahr einfach nur so gut es ging, zu überbrücken.

Der Herbst war die schwierigste Jahreszeit. In den langen, kalten und feuchten Monaten war der Drang zu gehen am größten. Der Sommer war vorbei und der Winter hatte noch nicht begonnen. Es gab kein Board, das ich unter meinen Füßen spüren konnte. Erst als der erste Schnee kam. Ich lange Abfahrten mit meinem Snowboard in unverspurten Tiefschneehängen genießen konnte, wurde es besser. In den Bergen, mit meinem Snowboard, ging es mir fast so gut wie am Meer. Die Freiheit spürbar und das Gefühl, alles tun zu können, greifbar. Oft suchte ich mir Hänge, die meinen Lieblingswellen glichen. Ich fuhr sie so, als würde ich eine Welle surfen. Ich zog lange Turns in den tiefen Schnee. Griff mit der Hand auf eine Schneewechte während ich sie nutzte, um kiloweise Schnee zu versprühen. Das kam dem Gefühl vom Surfen schon sehr nahe. Ja, ich liebte den Winter. Nur niemals so sehr wie den Sommer. Wasser mag ich lieber mit Salz vermischt als gefroren, hart und unerbittlich. Im Frühling, wenn die Schneeschmelze eintrat, konnte ich endlich meine Surfboards auf Vordermann bringen. Ich machte sie bereit, um in Flüssen zu surfen. Bei dem richtigen Wasserstand, dem richtigen Gefälle und Wasserdruck, bauen sich in Flüssen Wellen auf. Diese Wellen surfte ich. Es ging mir viel darum, meine Technik und das Gefühl für das Wasser zu verbessern. Es schaffte aber auch ein Gefühl von Aloha, mitten in den Alpen. Es war niemals das Selbe wie Surfen im Meer, aber es war ein Ausgleich. Es gab mir Energie, um weiter zu machen. All diese kleinen und größeren Abenteuer, die ich über das Jahr suchte, wogen nicht das Gefühl auf, das ich am Meer fühlte. Es war nicht das Selbe.

Ich spürte aber ganz genau, dass jetzt der richtige Moment gekommen war. Ich war Single, hatte gespart und keine weiteren Verpflichtungen als meine Arbeit.

Ich war aufgeregt, nicht übermütig. Ich spürte wie die Kraft in meinem Körper wieder zum Leben erwachte und mir endlose Energie schenkte. Ich spürte wie diese neue Perspektive, diese Entscheidung mein Leben zu verändern, mich mit Glück überschüttete.

Langsam sah ich mich in meiner Wohnung um, sah all diese Dinge, die ich nicht mehr brauchen würde. Spürte Wehmut, jetzt schon, und merkte trotzdem schnell, dass diese Dinge bald anderen Menschen Freude bringen werden. Vielleicht eröffnet die Energie dieser Dinge, den neuen Besitzern die Möglichkeit, ihren Traum zu leben. Ihr Leben so zu gestalten, wie es für sie richtig ist. Dinge die ich nicht mehr benötigte oder die mir nicht mehr dienlich waren, zirkulierte ich gern in die Welt hinaus. Mir war es wichtig, aus bestehenden Ressourcen das meiste herauszuholen. Warum was Neues ins Haus holen, wenn so viel bereits verfügbar ist. Diese Einstellung war mir unglaublich dienlich. Damit vermittelte ich dem Universum, dass ich alles habe. Ich benötige nichts. Alles das ich in dem Moment brauche, ist bereits da. Es schafft ein Gefühl von Fülle und Überfluss. Damit schließt sich Mangel aus. Es ist immer, mehr als genug, da. Zufrieden bemerkte ich eine innere Ruhe.

Ich hatte das Bedürfnis, mich auszutauschen und rief eine Freundin an.

„Vicky, quasselte ich in das Telefon, ich werde es machen. Ich werde morgen kündigen, meine Koffer packen und gehen. Ich werde meine Surfboards auf das Dach schnallen und die Zeit meines Lebens verbringen. Ich laufe vor nichts davon, weil mich hier im Moment nichts hält, aber ich werde einer tollen Zukunft mit endlos vielen Wellen, Sonne und Meer, entgegenlaufen."

Mir war bewusst, dass diese Information für viele Menschen in meinem Umfeld erst mal ein Schock war. Ich erwartete nicht viel konstruktive Gedanken von dem Gespräch. Wollte es aber endlich mal loswerden. Aussprechen. Es Wirklichkeit werden lassen.

Relativ schnell legten wir auf und mit diesem Gespräch war es für mich endgültig beschlossene Sache. Ich gehe!

Es war mir wichtig, dass es jemanden gab, der mich in dem was ich vorhatte verstand und unterstützte.

Ich war mir sicher, dass diese Nachricht bei ihr und ihrem Freund Marco für Gesprächsstoff sorgen würde. Vermutlich, wie bei allen, denen ich von meinem Vorhaben erzählte. Ich wusste aber auch, dass es die Beiden nicht ins Lächerliche ziehen. Von ihnen konnte ich Hilfe, Unterstützung und schöne Surf Sessions im Sommer erwarten.

Bewusst bereitete ich am nächsten Tag den Weg in ein neues Leben vor.

Der Computer lief, der Drucker war bereit und ich schrieb fünf Zeilen.

„Ich bitte um eine einvernehmliche Kündigung“ hätte wohl gereicht.

Trotzdem wollte ich mich erklären und mich für die tolle Zeit im Unternehmen bedanken.

Ich konnte nicht behaupten, dass die Zeit in der Firma nicht großartig gewesen wäre. Meine Kollegen waren vorwiegend sportlich, immer auf Achse und strahlten Lebensfreude pur aus. Das Unternehmen an sich war auf Lebensfreude ausgelegt. Trotzdem musste ich gehen. Ich konnte meinen Wunsch nach Freiheit, nicht mehr unterdrücken.

Mit meiner Unterschrift auf dem noch warmen Papier war es vollbracht.

Mein sicherer Job war so gut wie gekündigt. Meine Stelle gab ich gerne für Andere frei, die sich genau diesen Abschnitt in ihrem Leben wünschten.

Noch ein Monat und dann dient mir dieses Büro nicht mehr als zweites Zuhause.

Mein Kündigungsschreiben lag bereits am Tisch. Bevor mich der Mut verließ, druckte ich gleich die nächste Kündigung an mein altes Leben aus.

„Danke für die schöne Zeit, die ich in Ihrer Wohnung genießen durfte. Für mich ist es jetzt an der Zeit weiterzuziehen. Ich möchte meinen Mietvertrag hiermit, zum ehest möglichen Zeitpunkt, kündigen."

Damit waren die zwei größten Brocken erledigt und es war weitaus nicht so schwer, wie ich dachte. Alles ging mir wie von selbst von der Hand.

Jeweils ein Monat Kündigungsfrist in der Arbeit und bei meiner Wohnung galt es einzuhalten. Diese Zeit konnte ich gut gebrauchen, um mich auf etwas vorzubereiten, von dem ich keinen blassen Schimmer hatte, wie es wohl ausgehen möge.

Wovon ich zu diesem Zeitpunkt noch nicht wusste, war ein Übereinkommen mit meiner Firma. Damit ließ sich Freiheit und ein halbwegs geregeltes Einkommen verbinden.

Sie boten mir an, auf Freelance Basis für sie zu arbeiten. Ich konnte weiter Grafiken erstellen. Nicht in einem Angestelltenverhältnis, sondern als Freelancer. Große Projekte, an denen ich gerne arbeitete, waren jetzt nicht mehr drinnen. Kleine, schnell zu bewältigende Aufträge sind in dem Fall praktischer.

Es lief wie am Schnürchen und ich konnte sicher sein, dass sich der Trip finanzieren lässt.

Meine Gitarre kam mit. Meine Bücher fanden neue Leser. Die Winterklamotten verpackte ich in Kisten. Meine Deko fand einen tollen Platz bei Freunden, mein Bike kam mit, meine Möbel übernahm der neue Mieter.

So ging es eine ganze Zeit lang. In dieser Situation zeigte sich, wie viel Dinge ich mit mir mitschleppte, die ich zum Teil, seit Jahren nicht mehr angesehen hatte. All der Ballast den ich mir in die Wohnung geholt hatte. Das Leben fühlte sich sofort leichter an als all der Überfluss weg war.

Eine volle Woche brauchte es, bis alles fertig sortiert war und einen neuen Platz im Universum fand. Ich verabschiedete mich von allen materiellen Dingen, die ich nicht mehr brauchen würde mit den Worten:

"Ich freue mich, dass du ab jetzt für Andere da sein wirst. Ich wünsche mir, dass du ihnen viel Freude bereiten wirst.“

Die meisten Aufgaben erledigte ich allein. Ich wollte selbst dafür verantwortlich sein, mein Leben aufzuräumen. Dann und wann war ich aber doch um Hilfe froh. Meine Freunde holten sich viele Sachen selbst ab, was uns auch noch Zeit bot, uns zu verabschieden. Diese Momente waren unbezahlbar. Bekannte die auf Social Media von meinem Vorhaben erfuhren, kamen vorbei, um sich Dinge zu holen. Diese Gespräche zeigten mir, dass mein Schritt einen Einfluss auf viele Menschen hatte. Bei vielen dieser Menschen dachte ich vor diesen Begegnungen, dass ihr Leben perfekt läuft. Zu hören, womit sie kämpfen und wie gern sie meinen Mut hätten, zeigte mir, dass ich den richtigen Schritt gehe. Ich lebe mein Leben. Ich lasse mich nicht mehr zurückhalten. Ich gehe und lebe.

In ruhigen Momenten setzte ich mich hin und versuchte das schier Unmögliche. Ich versuchte meinen Trip zu planen. Nicht, weil ich einen Fahrplan benötigte. Sondern weil ich wissen musste, was ich unbedingt brauchen würde.

Meine Campingausrüstung, die sich über die Jahre angesammelt hatte, war nicht gerade klein und ich wollte so wenig Gepäck wie möglich mitschleppen.

Dass ich, vorerst, in Europa bleiben würde, war von Anfang an klar. Ich wollte an all den Orten haltmachen, an denen ich normalerweise auf meinem Weg gen Süden nur vorbeifuhr.

Frankreich und Spanien standen hoch im Kurs und so plante ich meine Route durch Europa.

Ich saß an meinem Tisch im Wohnzimmer. Der Tisch, der bald als Esstisch für eine neue Familie dienen würde. Hatte mein Reisebuch bereit. In diesen Tagen war es mein heiliges Buch. In diesem Buch standen Informationen über die Route. Die Orte, an denen ich haltmachen wollte. Buchten, ihre verschiedenen Ausrichtungen und die Qualität der Wellen.

Reiseblogs, der Stormriders Guide und Berichte von Freunden boten mir weitere Anhaltspunkte.

Gar nicht mein Stil, aber notwendigerweise packte ich alles in eine Mappe. Normalerweise konnte ich diese Art von Ordnung nicht einhalten und es entsprach nicht meiner Natur. In dem Fall war es notwendig, damit ich mich unterwegs nicht verlieren würde.

In den nächsten Tagen und Wochen kamen noch einige wundervolle und manche unangenehme Situationen auf mich zu.

Als ich mich auf den Weg zu meiner Familie machte war mir mulmig zu mute. Die 200 Kilometer waren bestimmt nicht die einfachsten in meinem Leben. Sie hatten keine Ahnung von meinem Vorhaben und ich war mir nicht sicher, wie sie reagieren würden.

„Mia, denk noch mal nach. Sei dir bewusst was du da tust. Du schmeißt alles, was du dir aufgebaut hast hin. Du lässt alles für das Surfen und die Freiheit sausen."

Das war meine innere Stimme. Sie sprach unerbittlich zu mir. Sie hörte nicht auf.

„Noch kannst du alles absagen. Noch ist es nicht zu spät einen Rückzieher zu machen und hier zu bleiben. Denk daran was du für einen Aufwand haben wirst. Und ständig diese Autoreparaturen wenn etwas kaputt geht. Dein Spanisch ist nicht großartig und dein Französisch praktisch nicht vorhanden."

Meine innere Stimme gab keine Ruhe.

Nun aber Schluss damit. Ich bin stärker.

„Jetzt pass mal auf. Ich bin stark und ich kann das. Mein Auto bleibt heil. Ich finde den richtigen Weg, um mein Leben auf Achse zu regeln. Ich hole mir alle Energie, die ich brauchen werde von meinen Wellen, dem Meer, dem Strand, der Sonne. Ich werde immer genug Arbeit haben, um alles zu finanzieren. Ich wachse an diesem Lebensabschnitt. Ich wachse mehr als ich es hier jemals könnte. Wer sagt denn, dass hier alles besser ist? Was gibt mir die Sicherheit, dass ich hier ein glückliches Leben führe? Warum ist der Ort an dem wir leben so wichtig für viele? Fühle dich ab jetzt nur dir selbst gegenüber verpflichtet. Nicht deiner Familie und nicht deiner Freunde. Diese Menschen leben ihr eigenes Leben. Ihnen gefällt ein "nine to five" Job vielleicht. Dir nicht. Also ändere es. Lass ihre Stimmen in deinem Kopf verschwinden. “

Das wäre erledigt. Mein Starkes inneres Ich zeigte es dem zweifelnden Ich so richtig.

Diese Technik verwendete ich seit Beginn des neuen Abschnittes in meinem Leben sehr oft. Ich blieb stets positiv. Was auch kam. Jede Absicht hatte einen positiven Hintergrund.

Es dauerte lange, bis ich diese Denkweise verinnerlicht hatte.

Viele Steine legte ich mir früher auch selbst in den Weg.

Ich entwickelte Krankheiten, um Aufmerksamkeit zu erhaschen.

Ich strahlte eine negative Energie aus, um mehr Beachtung zu bekommen. Vielleicht, um etwas Trost zu bekommen.

Mit dem Bewusstsein, welch Riesen Kraft meine Gedanken und Handlungen haben, änderte ich mich drastisch.

Ich ging positiv in jede erdenkliche Situation. Ich strahlte. Der Beginn der Reise war dafür ein Riesen Auslöser. Plötzlich fügte sich alles wie ein wunderschönes Puzzle zusammen. Menschen lächelten mir ständig entgegen. Ich bekam immer Hilfe, wenn ich sie benötigte. Ich hatte immer, alles was ich brauchte.

Auch am Verhalten Anderer, fand ich nun immer die positive Absicht.

Ich musste mir keine Gedanken mehr machen, warum mir Menschen mit einem bestimmten Verhalten entgegentraten. Es war einfach in dem Moment ihre beste Option. Ich wusste, dass auch sie nur versuchen sich gut zu fühlen. Ob mit der richtigen Technik oder nicht, stand mir nicht zu, zu beurteilen.

Ich für meinen Teil wählte Positivität und Liebe als Mittel zum Zweck.

Die 200 Kilometer vergingen wie im Flug. Meine Familie saß gemütlich auf der Terrasse und winkte als ich ankam.

„Leute, ich werde gehen. Ich werde auf unbestimmte Zeit durch Europa reisen und surfen. Ich werde so viel surfen wie ich möchte und erst dann zurückkommen, wenn mein Heimweh größer wird als mein Fernweh gerade ist. Ich hoffe, ihr könnt mich verstehen und ihr seid jederzeit herzlich dazu eingeladen, mich zu besuchen", sagte ich mit fester Stimme in die Runde.

Zuerst gab es keine weiteren Reaktionen als offene Münder und eine kleine Träne, die meiner Mam über die Wange lief. Sie war es, die als Erste das Wort ergriff.

„Mia, wir wussten alle sehr gut, dass dieser Tag kommen würde und ich weiß, wie sehr es dich an das Meer zieht. Du hast meine volle Unterstützung und ich bitte dich nur um eines: Komm einfach wieder gesund zurück und lasse öfter was von dir hören."

Die Anderen sahen es ganz ähnlich und meine ganze Familie bestärkte mich in dem Beschluss, den ich gefasst hatte. Es war ein wunderschönes Gefühl für mich, ihre Unterstützung zu haben. Wir saßen an diesem Tag noch lange beieinander und sie fragten mich, wo ich hinwollte. Was ich von der Reise erwarte und wie ich es finanzieren würde. Ich schaltete meinen Kopf aus und antwortete ihnen mit meinem Herzen.

Natürlich konnte ich ihre Sorgen spüren. Ich würde allein unterwegs sein und im offenen Meer surfen. Außer meinem Bruder gab es niemanden in meiner Familie der surfte. Aber Verständnis für meine Eigenheiten gab es immer. Wir sind ein großer Haufen und so hat jeder seine Themen. Meines ist das Fernweh.

Ich bin wahnsinnig froh, dass ich bei meiner Familie damit auf Verständnis stoße und fühle mich in ihrem Kreis gut aufgehoben.

Die Zeit bis zur Abreise verging wie im Flug.

Mein letzter, voller Tag daheim.

Ich machte mir zum letzten Mal einen Kaffee. Noch etwas verschlafen setzte ich mich mit meiner Tasse auf den Balkon. Die Vögel zwitscherten laut und flogen fröhlich im Kreis.

Mit einem Gefühl von ein klein wenig Wehmut und unglaublicher Vorfreude, trank ich meinen heißen Kaffee. Ich weiß nicht, ob es mir nur so vorkam, aber dieser Kaffee, schmeckte mir unglaublich gut. Besser als jeder andere Kaffee in den letzten Monaten.

Der Campingsessel, der mir einige Jahre am Balkon und auf diversen Reisen gedient hatte, wurde jetzt, fein säuberlich in die Verpackung gelegt. Er musste auf alle Fälle mitkommen. Klar, der Sessel war schon etwas ramponiert. Die Nähte gingen da und dort auf. Rost hatte sich an den Verstrebungen festgesetzt. Die Halterung für die Getränke und die Armlehne war gerissen. Das machte mir nichts aus. Ich wollte genau diesen Sessel dabeihaben.

Um Platz zu sparen und gleichzeitig im Auto schlafen zu können, packte ich alle meine Habseligkeiten in gleich große Kisten.

Sie ließen sich in das Auto stapeln. Ich konnte mit einer aufblasbaren Matratze darüber, ein gemütliches Bett für unterwegs zaubern. Dieses Bett leistete mir, vor allem an den ersten Tagen der langen Reise, gute Dienste.

Kiste für Kiste trug ich alles in die Tiefgarage und packte es in das Auto.

Mit etwas hin und her, etwas raus und rein räumen ging mein Plan auf. Es ergab sich eine gerade Fläche und ich konnte jede Kiste auf- und zumachen. Ohne auch nur eine davon aus dem Auto räumen zu müssen.

Perfekt.

Mittlerweile war es Nachmittag geworden und an der Zeit, noch alle Kleinigkeiten, die ich bis jetzt noch brauchte in den Rucksack zu packen. Der blau-weiße Rucksack, der bis jetzt bei so vielen Trips dabei war, wurde zu meinem vertrauten Begleiter und Beifahrer.

Langsam dämmerte es mir, dass dies mein erster Solo Surftrip werden würde. Außerdem mein längster und der mit der größten Ungewissheit.

Der Gedanke daran, allein raus zu paddeln machte mir ein klein wenig Angst. Ich hatte sonst immer Freunde mit dabei. Den Surf checkten wir gemeinsam und mehrere Meinungen entschieden darüber, ob wir surfen gehen sollten, oder nicht.

Ich war mir nicht sicher, ob ich es allein gut schaffen würde. Sosehr ich den Ozean auch liebte, oft machten mir größere Wellen Angst. Es kam vor, dass ich selbst mit Freunden, keine einzige Welle anpaddelte. Nun musste ich nicht nur selber entscheiden, ob die Bedingungen in Ordnung sind. Ich musste auch selber die Kraft dazu finden, mich bei schwierigen oder hohen Wellen, raus zu trauen.

Die Zeit wird es zeigen.

Der Tag nahm entspannt seinen Lauf. Alles funktionierte gut und ich lag perfekt im Zeitplan.

Es war 16:00 Uhr im Mai und aus dem Grund war es noch warm und sonnig.

Da ich noch etwas Zeit totzuschlagen hatte, mache ich mich auf den Weg zu meinem Hausberg. Am Weg nach Oben kam ich durch ein Gehege mit Ziegen und Schafen. Ich genoss es, noch einmal hochzugehen und oben über die ganze Stadt zu blicken.

Danke, für die schönen Zeiten, sagte ich im Stillen vor mich hin.

An diesem Abend konnte ich es kaum erwarten schlafen zu gehen. Immerhin sollte am nächsten Tag, die größte Reise meines Lebens starten.

Aber nicht so schnell.

Es klingelte. Ein leises Klingeln. Ich hatte in den ganzen Jahren, die ich in dieser Wohnung verbrachte, nicht verstanden, warum jemand eine so leise Klingel in eine Wohnung einbaut. Dieses Mal hatte ich es nicht überhört.

Meine besten Freunde, Vicky und Marco, standen vor der Tür. Die Taschen voller Kleinigkeiten für meine Reise und einem gelungenen Abend.

Wir saßen am Tisch, redeten über meine geplanten Ziele und sie versuchten herrauszufinden, wo ich zu welcher Zeit sein würde. Immerhin surften sie auch und würden im Sommer unterwegs sein. Wir planten uns unterwegs zu treffen und ich konnte sie davon überzeugen, ihre Pläne über Board zu werfen und mich einfach zu besuchen, wo auch immer ich gerade bin.

Ein toller Abend, der mit vielen lachenden Gesichter und ein paar Tränen in den Augen zu Ende ging.

Ich legte mich hin und stelle meinen Wecker auf die gewohnte Uhrzeit, 05:30 Uhr.

Der Aufbruch

Es war 05:00 Uhr, den Wecker brauchte ich nicht, ich wachte von allein auf und sprang aus dem Bett. Draußen wurde es langsam hell und ich zog mich an. Meine Lieblings-Jogginghose, ein gemütliches T-Shirt und meinen Hoodie mit dem VW-Bus und den süßen Knöpfen darauf. In diesem Outfit stellte ich mir immer den Anfang meines Surftrips vor.

Ich schnappte noch meinen Rucksack, kontrollierte, ob alles abgeschaltet war und hinterlegte den Schlüssel am vereinbarten Ort. Am Weg zum Auto erlebte ich das Gebäude noch einmal ganz bewusst. Würde ich hier jemals wieder einen Fuß reinsetzen? Vermutlich nicht.

Ich startete das Navi, drehte den Schlüssel um und plötzlich ging es los. Langsam parkte ich aus, fuhr die Ausfahrt hoch und setzte den Blinker in Richtung Autobahn.

Wiedersehen altes Leben. Hallo Abenteuer!

Vor der Autobahn bog ich noch zur Tankstelle ein und füllte so viel Diesel wie möglich in den Tank. Der Sprit würde bis Spanien nicht mehr so günstig sein wie hier. Das wollte ich ausnutzen.

Ich schaute mich noch ein letztes Mal um, dachte daran, wie oft ich hier schon getankt hatte und verabschiedete mich mit einem riesigen Lächeln von der Kassiererin.

Die nächsten, meine ersten 200 Kilometer, kannte ich sehr gut. Es war der Weg zu meiner Mam. Mein Elternhaus lag praktisch mitten am Weg in Richtung Frankreich. Da ich so oder so alle zwei Stunden eine Pause machen wollte, legte ich hier meinen ersten Zwischenstopp ein. Mein erster heißer Kaffee des Tages erwartete mich. Außerdem stand ein Fresspaket bereit, das so groß war, das ich Mühe hatte es im Auto unterzubringen.

Um den Abschied auf unbestimmte Zeit nicht zu sentimental zu gestalten, machten wir es uns nur kurz gemütlich. Ich atmete die Luft im Garten ein und verabschiedete mich nach dem Kaffee so wie immer. Ich wollte in dem Moment nicht daran denken, dass ich dieses Haus und meine Familie, vermutlich für lange Zeit, nicht sehen würde. Hier verbrachte ich meine Kindheit, wuchs mit Freunden auf und hier war auch jedes Mal der Ausgangspunkt für meine Reisen. Ganz egal wo es hinging, so richtig, startete ich immer von hier aus. Mit offenem Fenster und winkend, fuhr ich am Garten vorbei. Nach einigen Minuten war ich schon wieder auf der Autobahn.

Die erste Staatsgrenze passierte ich kurz vor Passau. Es dauerte nicht viel länger als eine Stunde. Als ich über die große Donaubrücke fuhr, befand ich mich schon in Deutschland.

Da spürte ich zum ersten Mal das wahre Gefühl, unterwegs in Richtung Abenteuer zu sein. Ich war jetzt allein. Auf mich gestellt und unterwegs ins Ungewisse. Mein Tagesziel war Mullhouse, an der französischen Grenze. Bei meinen vorherigen Reisen hatten wir hier immer einen tollen Platz zum Schlafen gefunden und es sollte sich auch zeitlich perfekt ausgehen.

Ich rechnete damit, um 22:00 Uhr an meinem Schlafplatz an zu kommen.

Kein Stau, keine langen Wartezeiten an den Tankstellen und Sonnenschein. Besser konnte es nicht laufen. Ich fühlte mich, als würde ich über die Straßen fliegen. Ich war so gut gelaunt, dass ich nahezu jeden Autofahrer, der mich überholte, angrinste. Mit den Surfboards auf dem Autodach, sah ich vielleicht mit meinem Grinser im Gesicht, nicht ganz so dümmlich aus, wie ich selbst das Gefühl hatte. Es wirkte so, als verstehen mich die vorbeifahrenden Menschen. Die Meisten von ihnen lächelten zurück als würden sie sagen:

"Du bist am richtigen Weg".

Langsam ging die Sonne unter und immer mehr Straßenschilder wiesen mir den Weg nach Mullhouse. Es kam näher.

Um 22:30 Uhr bog ich ab und landete auf dem kleinen Rastplatz neben der Landstraße. Ich atmete einmal kurz durch und stieg aus. Saugte die frische Luft ein und ließ meinen Blick über die große Wiese neben dem Rastplatz schweifen.

Wunderschön und genauso wie ich es in Erinnerung hatte. Ich packte das Fresspaket meiner Mam aus und ich genoss mein letztes vorgekochtes Abendessen auf dem Betontisch. Die Bank war schon kalt und so packte ich meinen Schlafsack aus, um darauf sitzen zu können. Es war friedlich, ruhig und kaum ein Auto passiert die Landstraße. Im Mai ist noch keine starke Reisezeit. Es ist nicht wie im Hochsommer. Normalerweise war ich Anfang August hier. Alle paar Sekunden flitzten dann Autos vorbei und der Rastplatz war um diese Uhrzeit, schon sehr voll.

An diesem Tag war ich so gut wie alleine. Nur ein Bus stand noch auf dem Rastplatz. Der Lichtkegel, der aus dem Hochdach schien, zeigte mir, dass die Reisenden noch wach waren. Der Bus hatte ein Deutsches Kennzeichen und es boten sich mir keine weitern Anhaltspunkte, um eine Idee darüber zu bekommen, was sie vor hatten. Vielleicht waren sie auch unterwegs zum Meer, vielleicht wollten sie aber auch nach Paris? Ich wusste es nicht und machte mir auch keine weiteren Gedanken darüber.

Während ich mein Essen genoss, dachte viel mehr ich darüber nach, wo ich meinen ersten längeren Halt machen werde. Ich hatte es bis jetzt noch nicht entschieden. Wollte erst warten wo mich meine Gefühle hintragen. Genießen stand an erster Stelle. Einmal keinen Plan haben.

Meine Gedanken kreisten darum, wo ich mein Surfboard zum ersten Mal in das Wasser legen werde. Noch vor Bordeaux oder doch erst danach?

Ich entschied mich, mich noch nicht zu entscheiden.

In Ruhe räumte ich meine Sachen auf, legte mich in das Auto. Sah noch lange in die dunkle Nacht hinaus. Schon witzig auf all meinen Habseligkeiten zu liegen. So viel und doch so wenig. Wenn ich die paar Kisten mit all den Dingen vergleiche, von denen wir glauben, dass wir sie brauchen. Unglaublich befreiend zu wissen, was man hat und braucht. Nicht mehr und nicht weniger. Alles, was ich brauche, ist hier. Immer.

Ich genoss es, bedankte mich in Gedanken für den tollen Tag und schlief mit einem Lächeln im Gesicht ein.

Am nächsten Morgen war die grüne Landschaft von Nebel umhüllt und ich machte schnell meinen Kaffee, um weiterzukommen. Der erste Gaskocher Kaffee schmeckte ausgezeichnet und ich genoss ihn in vollen Zügen. Kaffee war in meinem Leben immer die eine Sache die nie fehlte. Ich sah daran mehr als nur ein Heißgetränk. Es schaffte immer ein Wohlgefühl. Der Geruch zog mich in der Früh aus dem Bett. Zu Mittag in den Garten. Am Nachmittag schaffte Kaffee es immer mich runterzuholen. Mir eine Pause zu gönnen. Kaffee war für mich Pause, Harmonie und Klarheit.

In dem Moment kannte ich mein erstes Ziel, an dem ich länger bleiben wollte.

Carcans an der Atlantikküste.

Ich kannte da einen Campingplatz, der Ende Mai noch sehr ruhig sein würde.

Mit meinem Ziel vor Augen machte ich mich wieder auf den Weg.

Zwischendurch checkte ich meine Surfvorhersage App. Es waren 0.4-0,6 Meter mit wenig Wind und einer 11 Sekunden Periode angesagt. Sehr viel perfekter hätte ich mir meinen Start nicht aussuchen können. Nicht zu groß, nicht zu klein. Nicht zu kraftvoll, nicht zu schwach. Wellen verändern sich nicht nur in Größe, sondern auch in Stärke. Je länger die Periode ist, umso stärker die Welle.

Mein Kiefer schmerzte bereits, weil ich nicht aufhören konnte zu grinsen. Mit jedem Kilometer wurde es ein klein wenig mehr. Die Raststationen in Frankreich versuchte ich zu vermeiden da sie preislich das Budget sprengten. Ich hatte genug eingepackt und freute mich, dass ich gut versorgt war.

Tanken musste ich aber trotzdem.

Ich suchte mithilfe des Navis Tankstellen abseits der Autobahn und versuche dabei keinen allzu großen Umweg zu machen. Leider waren meine Karten am Navi schon über 2 Jahre alt. So passierte es mir, dass ich eine Stunde herumirrte, bis ich dann doch eine geöffnete Tankstelle fand. Was wäre ein Surftrip ohne Pleiten und Pannen.

Dafür gewann ich sehr viel mehr, wenn ich auch einiges an Zeit verlor.

An der Tankstelle befand sich ein kleines Bistro. Dort gab es den besten Kaffee, den ich seit Langem getrunken hatte. Merci!

Langsam meldete sich mein Magen mit einem unüberhörbaren knurren und ich kramte in der Essenskiste nach Proteinen. Der Gaskocher stand bereit und ein kleiner Topf fiel mir sozusagen in die Hände. Etwas Kokosöl, drei Eier und eine Avocado später fühlte ich mich viel wohler. Ich entschloss mich zu einem Mittagsschläfchen in der grünen Wiese neben der Tankstelle.

Noch gute 400 Kilometer bis Carcans. Es war 14:00 Uhr. Das ist noch leicht zu schaffen denke ich und setze mich wieder in das Auto. Mit einem Coffee To Go in meinem Lieblingstumbler und meiner von Freunden zusammengestellten Playlist ging es weiter gen Süden. Streetlight Manifesto, Bob Dylan, Jeremy Loops und Fiva begleiteten mich für die nächsten Kilometer. Ich konnte es kaum erwarten.

Immer wieder ließ ich das Fenster nach unten, um zu sehen, ob ich schon Atlantikluft riechen würde. Nein, es war noch nichts zu riechen. Fenster zu, Musik an und aus voller Kehle singen. Ich sang so laut ich konnte, mit so viel Herzblut wie noch nie. Ich war in dem Moment unendlich froh, dass mich niemand hören konnte. Das wollte ich niemanden antun.

Noch 200 Kilometer. Es war Zeit für eine Pause.

Während ich den Sonnenuntergang neben der Autobahn mit einem kleinen Snack beobachtete und immer tiefer in meinen Campingsessel rutschte, fiel mir mein Reisebuch ein.

Es war Zeit für meinen ersten Eintrag.

Die Ereignisse der letzten Tage schrieb ich fein säuberlich in das unlinierte Buch. Ich freute mich darauf, den Rest des Buches mit Abenteuern zu füllen.

Es ging weiter. Ich setzte mich in das Auto, sprach ein paar liebevolle Worte des Dankes, die an mein treues Gefährt gerichtet waren und führ los.

Immer wieder schweiften meine Gedanken ab während ich die Landschaft an mir vorbeiziehen sah.

Ich sah mich dabei, meine Zehen zum ersten Mal seit Langem in den Ozean zu stecken. Gleich darauf schossen Gedankenblitze vom Surfen in meinen Kopf. Ich paddle, spüre wie mich die Welle mitnimmt. Schnell springe ich auf mein Brett und lasse mich tragen. Ich surfe die Welle mühelos auf und ab. Mit weichen Bewegungen steuere ich die Geschwindigkeit und die Richtung in die ich surfe. Die Sonne scheint und alle Surfer im Wasser feiern den Tag. Beim surfen kommen oft Gedanken wie:"Es ist ein sonniger Tag, ich sitze auf meinem Brett im Ozean und darf genießen. Kann es noch besser als das werden? Kann das Leben in dem Moment besser sein? Nein. Ich habe alles, was ich brauche und noch viel mehr."

Die letzten Kilometer musste ich im Dunklen hinter mich bringen. Das bedeutete auch, dass es zu spät zum Einchecken war.

Aber was macht das schon.

Die Pinienwälder wiesen mir den Weg in Richtung Atlantik.

Der Anblick dieser Wälder ist unverkennbar. Unglaublich schön. Riesige Pinien, sandiger Boden und endlose Weite.

Der Duft war unverkennbar, die salzige Luft kam näher und ich konnte schon fast das Rauschen des Meeres hören.

Carcans

Es war soweit. Ich parkte das Auto. Lies es noch einen Moment zum Abkühlen laufen damit es mir noch lange, gute Dienste leisten würde. Ich bedankte mich still für die sichere Fahrt und dann stieg ich, nach der langen Fahrt, etwas unbeholfen aus.

In dem Moment hörte ich es.

In einem gleichmäßigen Takt rollten die Wellen in Richtung Strand und erzeugten einen unverkennbaren Rhythmus.

Immer schneller ging ich die Düne hinauf und endlich war er da. Der Atlantik!

Im Mondschein konnte ich den hellen Sand erkennen und die Gischt leuchtete immer wieder kurz auf.

Das ist genau das, auf das ich so lange wartete.

Ich steckte meine Füße in den schon etwas kühlen Sand und war einfach nur froh hier zu sein. Ich hatte es geschafft.

Es war Zeit für ein kurzes Abendessen und etwas Schlaf.

Für den ersten Abend hatte ich mir etwas Besonderes eingepackt.

Bananen, Eier, geriebene Mandeln und eine kleine Prise Zimt. Schnell am Gaskocher angebraten, entstand daraus ein süßes Festmahl.

Dazu gönnte ich mir ein kleines Gläschen Wein. Ja, genau, aus dem Fresspaket meiner Mam.

Ein wundervoller, ruhiger, sternenklarer Abend wurde zur dunklen Nacht und ich legte mich zufrieden in das Auto.

Meine erste Nacht neben dem Strand mit der Aussicht auf eine Surf-Session in der Früh.

Wie schön kann das Leben sein!

Die Sonne ging auf, es war 05:30 Uhr. Ich nahm an, dass der Campingplatz immer noch geschlossen hatte. Falls nicht, würde das nichts ausmachen. Mich konnte jetzt nichts davon abhalten, den Swell, die Größe und Beschaffenheit der Wellen, zu checken.

Ich lief die Düne hoch. Konnte in der Dämmerung klare Linien erkennen, die so perfekt brachen, als wären sie gezeichnet. Unglaublich!

Da die Sonne die Dunkelheit noch nicht vertrieben hatte, beschloss ich erst mal eine Kleinigkeit zu essen. Meine Kiste war noch gut gefüllt und ich entschied mich für meine selbst gemachten Energieballchen. Bällchen aus klein geschnittenen Datteln, geriebenen Mandeln und zerstampften Rosinen in Kokosette gewälzt. Die perfekte Ergänzung zu meinem Kaffee.

In solchen Momenten tritt dann doch etwas Hastigkeit auf. Bei solchen Bedingungen, nach Monaten ohne Wellen. Ich konnte nicht mehr warten.

Ich holte eines der Boards vom Dach. Meinen 5`8`` Fish hielt ich für die beste Wahl. Er bietet viel Stabilität, ist einfach zu paddeln und lässt sich noch Duckdiven. Ich konnte also sicher gehen, dass ich zu mindestens hinter die Weißwasserwalzen kommen würde. Perfekt für den ersten Tag am Meer nach einer langen Surfpause.

Die restlichen Boards lagen nun lose am Autodach. Damit sie mir nicht abhanden kommen würden, legte ich sie in das Auto. Eine lange Strecke stünde ja heute nicht mehr bevor.

Ich trug den Basecoat, die erste Schicht Wachs auf das Board auf. Danach eine Schicht Cold Wachs mit Kokosduft damit ich nicht vom Surfboard rutschen würde. Die Finnen schraubte ich fest und meine neue Leash befestigte sorgsam damit alles seine Richtigkeit hatte.

Zum ersten Mal seit 10 Monaten schlüpfte ich am Meer in meinen Wetsuit. Freute mich unendlich darauf, ihn endlich in Salzwasser zu tauchen. Ich entschied mich für meinen 3/2mm Wetsuit. Dieser sollte ausreichen und mich warm genug halten.

Ich lief die Düne hoch, konnte es kaum erwarten. Meine Arme und Beine kribbelten, mein Herz schlug mir bis zum Hals und der Anblick raubte mir den Atem.

Es waren kaum mehr als fünf Surfer draußen. Die Wellen liefen immer noch so perfekt rein wie vorhin in der Dämmerung.

Ich stapfte durch den Sand, legte das Surfboard neben mich und musste mich schon sehr dazu zwingen mich aufzuwärmen.

Während meiner Übungen beobachtete ich die Brandung und die Strömung.

Gerade an der langen Küste vor Frankreich kann die Strömung sehr stark sein.

Ich beobachtete den Ozean und entschied mich, den Strand ein Stück hochzugehen. Auf diese Weise konnte ich mich von der Strömung in das Lineup ziehen lassen.

Ich lief los, mein Herz schlug mir bis zum Hals und zum ersten Mal spürte ich, wie das Wasser des Ozeans meine Füße umspülte. Der absolute Hammer!

Ich paddelte und nun geschah alles ganz intuitiv, als hätte es nie eine Pause gegeben.

Über die ersten Wellen paddelte ich drüber. Die nächsten, größeren, schon gebrochenen Wellen, erfordern einen Duckdive, ich muss mit dem Surfboard unter der Welle durchtauchen.

Das Gefühl des ersten Duckdives vergesse ich nie. Die Welle kam, ich holte tief Luft. Das Brett drückte ich fest nach unten und tauchte nach. Unterwasser spürt man die volle Kraft der Welle. Sie bebte über meinen Körper. Das frische, salzige Wasser umspielte mein Gesicht. Es zog meine Haare zurück. Am tiefsten Punkt blickte ich nach oben. Sah schon die Sonne durch das Wasser blitzen. Schon war es vorbei. Ich tauchte auf, grinste und wusste, das ist genau, was ich will.

Keine drei Minuten später war ich im Lineup. Ich war da angekommen, wo Surfer aus ganzer Welt, auf die perfekte Welle warteten.

Ich setzte mit auf das Brett, beobachtete den Strand. Suchte mir erst mal einen Anhaltspunkt an Land, damit ich am richtigen Platz saß. Ich fand eine kleine Hütte am Strand, die sich genau gegenüber von dem Peak befand, den ich surfen wollte. Gegenüber von dem Punkt, an dem sich die Wellen sich perfekt nach Rechts oder Links abschälten.

Da ich mich erst mal an diesen Break gewöhnen wollte, ließ ich die ersten Sets aus. Hatte ein Auge auf die anderen Surfer, wie sie in die Wellen glitten. Einige Turns und Cutbacks, gemütliche Manöver die sie auf einer Welle machten. Ausnahmslos jeder kickte mit einem Lächeln im Gesicht aus der Welle.

Nun wurde es auch für mich Zeit. Ich konnte und wollte nicht mehr warten.

Ein Set zeigte sich am Horizont und ich paddelte etwas nach rechts, damit ich es gut erwischen konnte.

Die erste Welle des Sets überpaddelte ich, ich machte noch zwei tiefe Züge und drehte mich um. Schnell paddelte ich in Richtung Strand und plötzlich spürte ich dieses Gefühl, auf das ich so lange gewartet hatte. Die Welle nahm mich mit. Ich musste nicht mehr paddeln, ich stützte meine Hände auf das Brett, zog meine Beine an und stand. Es war eine Rechte. Mein Körper war der Welle, da ich mit dem linken Fuß vorne stand, zugewandt. Ich konnte sehen, wo ich hinfuhr. Ich surfte mit dem Brett die Welle runter, zog einen langen Bottom Turn und mein Blick richtete sich wieder nach oben auf den Wellenkamm. Ich fuhr hinauf und wieder hinunter. Die Welle erschien mir endlos. Als sie langsam abflachte und der Druck weniger wurde, kickte ich raus. Flog hinter die Welle und legte mich auf mein Brett, um wieder raus aufs Meer zu paddeln.

Ein Freudenschrei entwich mir und ich fühlte mich grenzenlos glücklich. Mein Grinser im Gesicht hätte größer nicht sein können.

Ich genoss diese Session so sehr. Sie erschien mir endlos. Nach zwei Stunden und einigen guten Wellen, machte ich mich auf den Weg zum Strand. Diesmal drehte ich mich am Ufer auch wieder um. Blickte zurück auf das Meer und das unglaubliche Gefühl blieb an diesem Tag noch lange. In Gedanken bedankte ich mich beim Universum für diese wahnsinnig schöne Erfahrung.

Ich nutzte die Dusche am Strand, zog mich um und machte mich auf den Weg zum Campingplatz. Ich kannte den Platz nicht sehr gut, hatte aber eine gewisse Vorstellung davon, wie mein Platz aussehen sollte. Umgeben von Pinienbäumen und so eben wie möglich, damit ich eine gerade Liegefläche hatte. Das war alles, was ich wollte.

Nach dem Einchecken baute ich mir meine kleine Welt auf.

Ja, ich hatte einen Platz unter Pinienbäumen, der so eben war wie eine frisch planierte Straße.

Perfekt.

Mein Zelt war schnell aufgebaut, die Kisten verstaute ich und meine Matratze im Nu aufgepumpt. Endlich so richtig angekommen, war es wieder Zeit in mein Reisebuch zu schreiben. Jedoch war diese Session in der Früh so unbeschreiblich, dass ich kaum Worte dafür fand. Ich versuchte das Gefühl beim ersten Take Off, bei dem ersten Schub den ich von der Welle spürte zu beschreiben. Es wollte mir nicht so richtig gelingen. Die Gefühle waren in dem Moment zu überwältigend.

Nachdem ich meinen Energiespeicher mit etwas Essen aufgefüllt hatte, legte ich eine Pause ein und machte einen Mittagsschlaf vor meinem Zelt. Der warme, sandige Boden lud dazu ein, eine Decke auszubreiten und das Leben zu genießen. Ich konnte die Wärme durch die Picknickdecke fühlen und hatte den Eindruck, auf Wolke Sieben zu schweben. Immer noch konnte ich den Wellengang spüren und ich genoss es in vollen Zügen.

Ich beschloss den Platz zu erkunden. Der Camingplatz in Carcans war eher hügelig und hatte außer Bäumen und Sand nicht viel zu bieten. Aber wer tauchte denn da hinter der Ecke auf? Einer meiner Sommerfreunde, den ich vor Jahren kennenlernte, stand da und koordinierte einige

Leute dabei, die Zelter eines Surfcamps aufzubauen. Er war der Besitzer eines Camps. Er baute sich mit den Jahren eine gute Existenz, von der nicht nur er leben konnte, auf.

Damit hatte ich nicht so schnell gerechnet. Mir war bewusst, dass ich dann und wann einige Leute treffen würde, die ich kannte, aber so schnell?

Kurz gab er noch die letzten Anweisungen an seine Leute weiter und nach einer überschwänglichen Begrüßung, setzen wir uns auf einen Kaffee in sein Camp.

Ich erzählte ihm meine Geschichte und er war so beeindruckt, dass er mir sofort einen Job und Unterkunft anbot. Ich lehnte dankend ab, war aber doch über Tipps zum Surfspot überaus dankbar. Carcans funktioniert unabhängig von der Tide, bei einem Swell aus Westen und Wind aus Osten. Wie ich in der Früh schon merkte, ist hier, auch wenn die Wellen toll laufen, nicht viel los. Sehr viel besser konnte es nicht kommen.

Mit dem Wissen über den Spot und nach einem langen Gespräch, machte ich es mir wieder auf meinem Zeltplatz gemütlich. Ich freute mich auf ein energiereiches Abendessen im Camp, zu dem er mich einlud. Etwas unter Leute kommen bekommt mir sicher gut, dachte ich.

Vor dem Essen legte ich noch eine Surf Session ein. Es war nicht mehr so gut wie in der Früh. Das Festland wärmte sich auf und der Wind kam somit aus Westen. Das drückte die Wellen etwas zusammen. Sie waren flacher, aber immer noch mit genügend Druck, um an meinen Manövern zu arbeiten.

Die ersten Cutbacks gelangen mir so, als hätte ich im letzten Jahr nichts anderes gemacht. Ich fuhr nach meinem Bottom Turn, den ersten Turn den man in die Welle setzt, um Geschwindigkeit aufzubauen, die Welle wieder hoch. Drehte das Surfboard wieder in Richtung, von der aus die Welle kam. Machte im Weißwasser einen Turn, mit dem ich neue Geschwindigkeit aufnahm. Es war mühelos und fühlte sich absolut gut an.

Unglaublich, wie einfach alles funktioniert.

Mit einem Lächeln im Gesicht kam ich aus dem Wasser und spazierte zurück zu meinem Zelt.

Eine kurze Dusche und danach ging es ab zum Abendessen.

Wir grillten und ich genoss frische Salate. Ein toller Abend, mit vielen netten Menschen aus der ganzen Welt. Die Gäste waren aus den unterschiedlichsten Gründen im Camp und hatten unglaublich verschiedene Hintergründe. Studenten, verheiratete Pärchen mit Kindern, Führungskräfte, die abschalten wollten. Wie in jedem Surfcamp waren, vor allem unter den Angestellten, viele Lebenskünstler mit von der Partie. Diese Mischung sorgte dafür, dass es nie langweilig wurde und ich besuchte das Camp und seine Leute immer wieder gerne.

Einige Leute hatten ebenso wie ich vor, noch weiter an der Küste entlangzufahren. Wir würden uns in diesem Sommer sicher noch mal über den Weg laufen und uns im Lineup treffen.

Andere surften zum ersten Mal in ihrem Leben. Die ersten Erfahrungen in den Wellen infizierten sie schnell mit dem Surf Virus. Sie waren sich sicher, dass sie bald wieder zum Board greifen würden.

Eine junge Frau, etwa 23 Jahre alt, wollte mit ihrer besten Freundin ihren Studienabschluss im Camp feiern. Sie hatten geplant, eine Woche zu bleiben. Soweit ich im Nachhinein in Erfahrung bringen konnte, blieb sie den ganzen Sommer. Sie hat das „Echte Leben“ mit Festanstellung, Haus und Kindern, auf unbestimmte Zeit verschoben. So etwas passierte hier nicht selten. Familien und Freunde zu Hause verstehen das oft nur schwer. Aber sind wir uns mal ehrlich. Worauf blicken wir im Alter zurück? Was prägt uns wirklich? Die Dinge, die wir machten, oder die Dinge zu denen uns der Mut fehlte?

Das Leben im Surfcamp kann man mit einem Leben unter eine Käseglocke vergleichen. Man verbringt seine Stunden in der Natur. Hat in der Regel keinen Input seitens der Nachrichtensender. Muss sich nicht mit den kleinen und großen Katastrophen der Welt auseinandersetzen. Freut sich darüber tolle Persönlichkeiten kennenzulernen. Surfcamps sind wie ein Paralleluniversum und haben mit der Realität wie man sie sonst kennt, nicht viel zu tun. Und das ist gut so.

Die Tage in Carcans vergingen wie im Flug. Langsam war es an der Zeit zum ersten Mal meine Mails zu checken.

Ob es schon eine Nachricht von der Firma nach Frankreich schaffte?

Ja, hat es. Nach einigen Tagen voller Sorglosigkeit am Meer, war es an der Zeit etwas für meine

Reisekasse zu tun. Das Arbeiten an den Grafiken machte mir riesigen Spaß.

Die Arbeit erledigte fast wie von allein und die von mir designeten Grafiken, waren besser als jemals zuvor.

Ich schickte das fertige File noch am selben Tag ab. Damit konnte mich auf eine weitere gesicherte Woche an den Stränden Europas freuen.

Immer wieder ging ich hoch in das Camp. Gäste, Mitarbeiter und Besucher verbrachten hier viel gemeinsame Zeit. Wir vertrieben uns die Zeit auf der Slackline. Veranstalteten Tischtennis Turniere und wälzten uns beim Beach Volleyball im Sand.

Oft fand sich im Camp auch jemand zum Surfen. Mit vielen verschiedenen Menschen zu surfen, verbesserte auch mein Können. So schaute ich mir immer wieder etwas von den Anderen ab, oder gab ihnen Tipps wie sie ihre Manöver verbessern konnten.

Die Bedingungen waren in der Regel sehr gut. Vor allem für diese Jahreszeit.

Auch meine Angst hatte ich bestens im Griff. Zwar gab es noch keinen richtig heftigen Tag, an dem die Wellen über Kopfhoch waren, aber ich bemerkte einen Wandel in mir. Ich liebte es die

Wellen zu lesen. Dadurch konnte ich mir auch relativ sicher sein, wie sie sich verhalten. Mein Surfen konnte ich den herrschenden Bedingungen anpassen und vermied es so, allzu schlimm vom Board gefegt zu werden.

Nur ein einziges Mal wurde es tatsächlich etwas eng. Ich paddelte in eine Welle und einer der Locals, die in Carcans oder in der Nähe wohnten, dropte mir in die Welle. Er nahm die Welle als ich schon surfte und war dann vor mir in der Welle. Das passiert beim Surfen nicht selten aber hier hatte ich es noch nie erlebt oder beobachtet.

Als ich ihn vor mir sah, schrie ich noch kurz, wollte ihm signalisieren, dass ich in der Welle bin. Es schien ihn nicht zu interessieren. Vor lauter Ärger verlor ich die Kontrolle über mein Board. Mein Schwerpunkt verlagerte sich nach hinten und meine Füße schossen mein Board nach vorne. Ich hörte, in dem Moment als ich im Wasser aufkam, einen lauten Knall. Ein Geräusch, das entsteht, wenn zwei Boards, mit großer Wucht, aufeinander treffen.

Das ist ja ganz toll, denke ich mir noch und halte dann die Luft an. Die Welle wirbelt mich herum und ich spüre ein heftiges Ziehen an meinem Fuß.

Unsere Leashes, die uns beide mit unseren Boards verbanden, verhedderten sich ineinander. Deshalb fiel auch der Franzose vom Brett.

Das geschieht dir recht, denke ich noch kurz und schwimme zu ihm rüber. Er schrie irgendwas auf Französisch. Typisch denke ich mir. Zuerst droppen und dann regst du dich auf. Mit finsterer Miene löse ich die Leash von meinem Fuß. Wir entwirren sie und ich mache mich genervt daran raus zu paddeln.

Nach einer kurzen Verschnaufpause kontrollierte ich mein Board und fand ein gar nicht so kleines Loch. Als auch der Franzose wieder im Lineup war, bemerkte er, dass mein Board kaputtging und wollte sich dann doch entschuldigen. Dafür hatte ich in dem Moment keine Nerven. Ich beachtete ihn nicht, wollte mein Brett ins Trockene bringen und es so schnell wie möglich reparieren.

Ich ging mit meinem kaputten Board und meiner Reparaturkiste hoch in das Camp. Sie hatten einen kleinen Schuppen den ich nutzen durfte. Ich schliff die Kanten der demolierten Stelle ab. Natürlich hatte es genau das Rail, die seitliche Kante des Boards, erwischt. Die Reparatur eines Rails ist nicht ganz einfach, aber ich würde es hinkriegen. Nachdem alles geschliffen war, rührte ich etwas Polyesterharz und Härter an. Danach bereitete ich eine Frischhaltefolie vor und klebte sie am Board fest. Die Folie füllte ich nun mit der angerührten Masse auf und klebte sie oben fest. Ich checkte noch kurz, ob es keine Luftblasen gab und legte es in die Sonne zum Trocknen.

Den restlichen Tag genoss ich mit Bekannten aus dem Camp, da ich erst am nächsten Morgen mit dem Board weitermachen konnte. Wir beschlossen den Koch etwas zu entlasten und heizten den Griller an.

Zu der Zeit befanden sich nicht mehr als fünfzehn Gäste im Camp. Eine überschaubare Menge. Dadurch war es ein Leichtes, für alle zu Grillen. Der Duft von Steak, Hamburgern und gegrilltem Gemüse stieg einem von Weitem in die Nase. Es war ein herrliches Abendessen und wir saßen noch lange beisammen. Bei Musik, Bier und wilden Surfgeschichten, ließen wir den Abend ausklingen.

Bei meinen Trips vorher wollte ich immer schon mal an die Dune De Pyla. Eine riesige Düne an der französischen Küste. Eine Touristenattraktion. Auch wenn ich sonst nicht unbedingt auf riesige Menschenansammlungen stehe, wollte ich unbedingt hin.

Nach einer meiner Morning Sessions ging ich hoch ins Camp und fragte, ob nicht sonst noch jemand Lust hätte mitzukommen. Ich hatte schnell vier Leute gefunden und wir nahmen mein Auto. Die Fahrt war lustig und Beifahrer waren eine willkommene Abwechslung.

Schon am Parkplatz wurde klar, dass wir mitten in eine Touristenfalle getappt waren. Überteuerte Parktarife, Getränke zum doppelten Preis als im Supermarkt und endlos viele Menschen. Jetzt waren wir aber schon da und wollten sicher nicht mehr umkehren.

Wir gingen einen verschlungenen Weg in Richtung Düne. Vorbei an Sandwich Ständen und Souvenirläden. Und da war sie.

Von unserer Seite sah sie kaum größer, als eine der normalen Dünen hier aus. Stiegen, führten nach oben und gespannt beschleunigten wir unser Tempo. Ich hatte nicht mitgezählt, nach dem Aufstieg kam es mir vor, als würde ich am Dach der Welt stehen.

Ob angekommen raubte es uns den Atem.

Die Düne erstreckte sich endlos weit, um unten mit dem Meer zu verschmelzen.

Schon allein dieser Anblick war es wert hier hochzukommen.

Meine Sorge darüber, dass sich hier die Menschen, wie in der Schlange vor einer Disneyland Attraktion, auf die Zehen treten würden, war unbegründet.

Die Düne war so weitläufig, dass jeder seinen Platz fand und ganz in Ruhe genießen konnte.

Ich seilte mich etwas von der Gruppe ab und ging einen Kamm entlang. An einem der höchsten Punkte fand ich eine kleine ebene Fläche. Der herrliche Ausblick und die Ruhe luden mich dazu ein, einen meiner schönsten Yoga-Flows zu machen. Es war übrigens nichts Ungewöhnliches hier Yoga zu machen. In den ersten fünfzehn Minuten auf der Düne erblickte ich mindestens zehn Menschen mit ihren Yoga Matten.

Ich breitete meine Decke aus, fühlte den Boden unter mir, blickte in die Ferne und atmete tief und lange ein.

Ich wollte einen Flow machen, den mir mein Bruder Robin beibrachte. Dieser Flow strahlte für mich Stärke, Stabilität und Bewusstsein aus.

Ich hatte mich ganz in meinem Tun verloren. War eins mit meiner Umgebung, meiner Atmung und meinem Körper.

Ich kann mich nicht mehr erinnern, wie oft ich diesen Flow wiederholte. Es war wunderbar. Ich fühlte mich geerdet und zufrieden.

Langsam machte ich mich auf den Weg, um die anderen zu suchen.

Wir wollten ein gemeinsames Picknick machen und dazu sollten wir uns einen windgeschützten Platz suchen.

Wir fanden schnell wonach wir suchten und breiteten unsere Decken aus. Der Blick war Richtung Meer gerichtet und wir sogen die Energie in uns auf.

Wir waren eine bunt zusammen gewürfelte Truppe. Die zwei jungen Frauen kannte ich schon ein paar Tage. Sie waren Gäste im Surfcamp und absolut begeistert von einigen der Surflehrern. Tagsüber versuchten sie beim Anfängerkurs eine gute Figur zu machen. Die Nächte nutzen sie, um es sich am nächsten Tag beim Kurs deutlich schwerer zu machen. Ich verurteilte sie nicht im Geringsten. Sie waren hier auf Urlaub und suchten sich bewusst ein Camp aus, in dem man es verstand zu feiern. Sie hatten eine Menge Spaß und das war gut so.

Die beiden Jungs, die ich mitnahm, waren unabhängig voneinander, aber mit dem gleichen Bus angereist. Sie kamen aus Bayern und waren begeisterte Riversurfer. Sie surften, um die Zeit bis zum nächsten Trip an das Meer zu überbrücken, gleich wie ich, im Fluss.

Wir hatten eine Menge Spaß und nebenbei verabredete ich mich mit den beiden Jungs zu einer Surf-Session. Ich war gespannt, was die drauf hatten. Sprüche klopfen konnten sie auf alle Fälle.

Es war ein wundervoller Tag und wir machten uns auf den Weg zurück ins Camp.

Ich vereinbarte mit den Jungs noch eine Verabredung zum Wellen checken für den nächsten Tag in der Früh. Danach war ich aber froh, mich in meine kleine Welt zurückziehen zu können.

Leider kam es nicht mehr zu der gemeinsamen Surf-Session. Die Wellen kooperierten in den nächsten Tagen nicht unbedingt mit unseren Vorstellungen.

Ich blieb noch eine Weile in Carcans. Genoss noch viele Surf Sessions mit meinem neu reparierten Brett und beschloss dann meine Zelte abzubrechen und weiterzufahren.

Am Tag meiner geplanten Weiterreise kam ich noch mal am Surfcamp vorbei, um mich zu verabschieden.

Nach einigen Stunden im Camp sah ich dann ein, dass eine Nacht mehr oder weniger keinen Unterschied machte. Ich feierte ausgelassen mit dem Team und einigen Neuankömmlingen.

Nur gut, dass mein Zelt noch steht, dachte ich am Weg zurück zu meinem Platz.

In der Früh, ja gut, am Vormittag, holte ich mein Reisebuch raus.

„Letzte Nacht verbrachte ich so ausgelassen wie schon lange nicht mehr. Umgeben von netten Menschen, guter Musik und dem ein oder anderen Drink, genoss ich eine Surfcamp-Party wie sie im Buche steht. Zuerst eine Runde Flunky Ball, nein, mein Team gewann nicht und darüber bin ich froh, weil die Nacht sonst schneller als gewollt vorbei gewesen wäre.

Danach genossen wir ein paar Drinks bei der Live Übertragung eines großen Surf Contests und ließen die Nacht, tanzend im Party Zelt ausklingen. Es war ein fantastischer Abend, mit großartigen Leuten"

Nun packte mich aber meine Abenteuerlust auf das Neue. Ich verstaute meine Sachen wie gehabt im Auto und machte mich auf den Weg in Richtung Moliets.

Diesen Ort kannte ich von früheren Reisen sehr gut. Ich freute mich riesig darauf zu sehen, ob und wie es sich in den letzten Jahren verändert hatte.

Moliets

Diesmal checkte ich direkt und ohne Umwege am Campingplatz ein. In Ruhe baute ich mein Zelt an einem schönen Platz, wiederum umgeben von Pinienbäumen auf. Der Duft des Ozeans wehte sanft in meine Richtung.

Da ich von der Party noch etwas müde war, wollte ich an dem Tag meine Surfboards im Trockenen lassen und meine Muskeln regenerieren.

Ich beschloss in den Ortskern zu gehen.

Bei der kleinen Bäckerei am Weg holte ich mir etwas Süßes zum Schlemmen.

Unterwegs kam ich noch an einem Cafe` vorbei und bestellte einen kräftigen Coffee To Go den ich in meinen Tumbler füllen ließ.

Damit setzte ich mich an den Strand und beobachtete das Treiben. Dieser Teil des Strandes war für Badegäste reserviert und die Wellen rollten hier sanfter rein. Ich hätte Stunden dasitzen können.

Der Wind umhüllte mich sanft und ich starrte raus auf das Meer.

„Hier bin ich nun also. Ich habe alles hinter mir gelassen und erlebe die Reise meines Lebens. Es ist immer noch unfassbar! Meine Füße stecken im warmen Sand. Die Menschen um mich wirken glücklich. Ich bin glücklich." denke ich, als ich meine Schlemmereien genoss.

Immer wieder schossen mir Gedanken wie diese durch den Kopf.

Ich war so unendlich dankbar und versuchte dem Universum, diese Dankbarkeit zu zeigen. Oft schickte ich ein leises Danke in die Unendlichkeit.

Am Weg zurück, schlenderte ich die Strandpromenade entlang und bemerkte, dass fast alles beim Alten geblieben war.

Die Promenade verläuft in Moliets nicht parallel zum Strand, sondern eher in Richtung Landesinneres.

Auf der Straße duftet es nach Zuckerwatte, Eiscreme und da und dort nach frisch gekochten Muscheln. Für diese Momente lebe ich. Diese Augenblicke, in denen ich voll und ganz im Jetzt gefangen war. Jedes Geräusch, jeden Duft und jeden Windstoß ganz bewusst wahrnahm.

Ich machte ein paar Fotos für mein Reisebuch und besorgte mir ein leckeres Abendessen beim Supermarkt.

Hühnchen in Tomatensoße mit frischem Gemüse solle es werden. Damit ich für den nächsten Tag wieder genug Energie zum Surfen haben würde.

Laut meiner Surf App sollten die Bedingungen gut, aber nicht zu groß werden. Es sah ganz nach einem langen Tag am Strand aus. In Moliets muss man vom Campingplatz aus etwa zwanzig Minuten für den Weg zum Strand einplanen. Man überquert dabei einen Fluss, der gerade bei Flut nicht immer ganz angenehm ist. Bis zur Brust steck man oft im Wasser.

Aus dem Grund packte ich jeden Morgen meinen Rucksack mit Jause und viel Wasser, damit ich den ganzen Tag am Strand bleiben konnte. Die Sandbänke waren in diesem Jahr sehr gut und durch die Flussmündung waren die Wellen gleich noch besser.

Gerade bei Low Tide surfte ich in Moliets sehr gerne. In der Früh wehte meistens eine ordentliche Offshore Brise. Das heißt, dass der Wind vom Land in Richtung Ozean, gegen die Wellen bläst. So werden die Wellen steiler und hohler. An großen Tagen barrelt es in Moliets oft stundenlang. Viele gute Surfer tummeln sich hier an diesen Tagen. Man kann eine Tuberide nach der anderen ansehen, oder selber genießen. Dabei ist die Welle so groß und hohl, dass man in ihr surfen kann. Sie bricht direkt über dem Surfer und legt sich wie ein Vorhang darüber. Eine Tube oder Barrel ist das höchste der Gefühle für Surfer. Meistens schnell, hoch und kraftvoll. Wenn die Welle über dir bricht, fühlst du dich komplett eins mit dem Ozean und verschmilzt mit der Natur.

Leider war es in Moliets, durch die vielen Surfcamps, immer voll. Hunderte Anfänger tummelten sich im Weißwasser und surften ihre ersten Wellen. Die Fortgeschrittenen, saßen mit ihren Lehrern schon draußen im Lineup. Wurden aber oft in die Wellen geschoben. Grundsätzlich machte mir das nicht viel aus. Ich surfte meine lange Session in dem Fall oft sehr früh am Morgen. Es kam jedoch, je mehr Surfer draußen waren, auch immer wieder zu Unfällen. Boards krachten aneinander, Leashes verhedderten sich und die schweren Schaumboards der Surfschüler trafen oft die Köpfe anderer Surfer. Kein richtig schöner Anblick.

Wenn es mir am Nachmittag zu viel wurde, ging ich oft ein Stück weiter den Strand hoch in Richtung Norden. Hier war es ruhiger. Die Sandbank war gut und ich fand in der Regel die Surflehrer, die in ihrer Pause hier surfen. Das machte es zwar noch schwerer, als gegen nicht so geübte Surfer anzupaddeln, aber wenigstens hielt man sich hier an die Regeln und ein Board am Kopf war eher die Ausnahme.

Nördlich von dem Surfcamp Chaos hatte ich auch meine beste Session.

Es war ein Vormittag, wie er im Buche stand.

Die Wellen waren einen guten Meter hoch, glatt wie ein Spiegel und der Wind wehte nur ganz sanft vom Land gen Meer. Ein absoluter Traumtag. Die Strömung hatte sich in Grenzen gehalten und schonte damit meine Schultern und Arme. Ich musste nicht pausenlos paddeln, um am Peak zu bleiben. An dem Tag teilte ich mir den Peak an dem die Wellen am gleichen Ort nach links und rechts brachen, mit ein paar Surflehrern, die ich bei früheren Sessions schon kennengelernt hatte. Sie wussten, dass ich fit bin und so gab es keine Probleme. Ich konnte mich voll auf das Surfen konzentrieren. Musste nicht ständig fürchten, dass mir jemand in die Welle droppen würde.

An dem Tag ließ ich mein Ritual aus, mir ein paar Sets anzusehen.

Es war einfach zu gut.

Bei dem ersten Set war ich allerdings nicht in Position. Ich saß etwas zu weit links und musste mich damit begnügen, den Anderen bei ihrer Ride zuzusehen.

Für das nächste Set lief alles perfekt.

Ich saß gut für die Rechte und musste nur mehr ein paar Paddelzüge machen, um direkt am Peak zu sein.

Ein Surfer paddelte direkt neben mir. Wir schauten uns kurz an, er würde die Linke nehmen und ich die Rechte. Wir hatten einen Split-Peak. Nahezu gleichzeitig sprangen wir auf unsere Bretter und fuhren in entgegen gesetzte Richtungen. Das allein war schon ein tolles Gefühlt. Ich surfte die Welle mit einigen Manövern und kickte dann nach hinten raus.

Das raus paddeln war anstrengend, aber ich bekam es, selbst gegen die Strömung, gut hin. Glücklich kam ich kurz nach dem anderen Surfer draußen an und wir lächelten uns an.

An dem Tag ging es noch eine ganze Weile so dahin. Es kam oft zu der Situation, dass es jeweils eine Linke und eine Rechte gab. Das war natürlich perfekt, um meinen Wave Count, meine Anzahl an gesurften Wellen, zu erhöhen.

Relativ zeitgleich gingen wir alle raus. Die Jungs zurück zu ihren Surfschülern und ich zu meinem Strandhandtuch. Ich war schon fast so weit, es für diesen Tag sein zu lassen. Es war etwas heiß und ich hatte keinen Schattenspender mit am Strand. Da die Bedingungen aber wie im Bilderbuch waren, steckte ich mein Board in den Sand, um zu mindestens ein klein wenig Schatten abzubekommen und legte mich hin.

Ich döste etwas am Strand und als ich aufwachte, bemerkte ich meinen blöden Fehler schnell. Aus irgendeinem Grund hatte ich meinen Rucksack offen gelassen. Keine gute Idee. Die Möwen hatten sich wohl schon vor einiger Zeit an meiner Jause bedient. An meiner gesamten Jause. Die kleinen, sonst so schön anzuschauenden Biester, waren hier äußerst dreist. Nicht nur einmal am Tag kam es vor, dass die ganzen Baguettes und sonstiges aus den Rucksäcken holten. Eine Meute voller Vögel machte sich in sekundenschnelle daran, die Leckereien zu verdrücken.

Na ja, was solls, dachte ich mir mit knurrenden Magen.

Ich packte meine Sachen und machte mich auf den Weg zum Campingplatz. Die Flut war so oder so im Moment zu hoch und der Wind hatte gedreht und aufgefrischt.

Die guten Bedingungen vom Vormittag, waren dahin.

Noch immer spürte ich nach jeder Surf-Session dieses Gefühl. Dieses Gefühl überglücklich zu sein. Es war jedes Mal absolut unbeschreiblich. Voller Glücksgefühle machte ich mich jeden Nachmittag vom Strand auf den Weg zum Campingplatz. Ich genoss Abende voller Ruhe und gutem, französischem Essen. Jedoch muss ich zugeben, dass es etwas schwerfiel sich hier gesund zu ernähren, was mir aber sehr wichtig war.

An jeder Ecke wartete ein Baguette, eine Waffel oder Crepes mit Haselnusscreme. Früchte, Gemüse, Nüsse und Protein geladene Nahrung stand bei mir aber trotzdem immer noch am Höchsten im Kurs, um fit zu bleiben.

Mittlerweile war es Ende Juni und mein Körper hatte sich schwer verändert. Ich hatte mehr Kraft, mehr Energie und meine Kleidung wurde ein bis zwei Nummern zu groß.

Ich verbrachte den ganzen Tag an der frischen Luft und beim Surfen. Das wirkte sich äußerst positiv auf meinen gesamten Zustand aus. Die Aufträge aus der Firma ließen auch nicht nach und ich konnte, ganz nebenbei, gutes Geld verdienen. Ich hatte es mir zur Gewohnheit gemacht meine Arbeit nach den Surfvorhersagen zu planen. War es flach, zu windig oder zu groß, lege ich einen Arbeitstag ein.

Auch wenn ich gerne etwas auf der hohen Kante hatte, musste ich die Gelegenheit einfach nutzen.

Gleich in der Nähe befand sich ein riesiges Outlet und da wollte ich kräftig zuschlagen. Shirts,

Bikinis, ein paar neue Boardshorts und Lycras verschwanden in Tüten und fröhlich verstaute ich alles in meinem Auto. Diese Investition musste einfach sein. Viele Surf Firmen siedelten sich in Hossegor an. Damit fühlt man sich als Surfer-Girl wie im Paradies. Alles was sich ein Surfer wünscht, ist zu finden. Ich genoss diesen Shopping-Tag voll und ganz.

Am Vorabend hatte ich beschlossen, Moliets zu verlassen. Mein Zelt hatte ich vor dem Shopping Trip abgebaut und alle meine Habseligkeiten in den Kisten verstaut. Ich war bereit für ein neues Land und neue Abenteuer.

In Moliets wurde es mir zu voll. Die Surfcamps waren bereits ausgebucht und das Lineup voll mit Surfern. Richtig voll.

Nicht mal meine kurzen Trips an den nahe gelegenen Strand von St. Girons waren, wie zuvor, noch ruhig. Dieser Spot war lange Zeit eher ein Geheimtipp. Man kann hier direkt zum Strand fahren und dann die Düne hochgehen. Da es in Moliets von Surfcamps, die aber in der Regel am Hausstrand blieben, im Juli und August nur so wimmelt, kann man in St. Girons ein relativ leeres Lineup genießen. Jetzt waren aber hierher schon viele Surfer ausgewichen und darum hieß es für mich:

Nichts wie los, es geht nach Spanien!

Baskenland

Schon an der ersten Tankstelle merkte ich den Unterschied. Die Preise waren niedriger und das freundliche „Hola“ wird mir ewig in den Ohren klingen.

Ich liebte es jetzt schon!

Die Zeit auf den Straßen verging schnell. Ich hatte nicht sehr weit.

Von Moliets bis San Sebastian waren es gerade mal eineinhalb Stunden.

In San Sebastian blieben die Surfboards am Dach. Dafür landeten im Nu, endlos viele Tapas in meinem Magen. Tapas sind kleine spanische Häppchen mit Fisch, Fleisch, Käse und allem was das Herz sonst noch begehrt. San Sebastian ist auch der erste Zwischenstopp, an dem ich mich mit Freunden traf. Das war an der Zeit. Die Wochen in Moliets waren von Ruhe und Abenden allein in meinem Zelt geprägt. Das tat gut, aber nun freute ich mich auf bekannte Gesichter.

Am späten Nachmittag kamen Vicky, Marco und Flo aus Österreich in San Sebastian an. Ich freute mich unglaublich und umarmte sie überschwänglich.

Wir genossen einen langen Abend in einem der vielen Restaurants mit Wein und Fisch. Das kleine Restaurant war mit Ornamenten an den Wänden geschmückt. Rustikale Holzmöbel in einem dunklen Braun strahlten Ruhe und Beständigkeit aus. Die Kellner waren gut gelaunt. Wir fühlten uns alle absolut wohl in unserer Haut. Der Fisch war nicht nur zart, sondern auf den Punkt gebraten. Die Weinbegleitung ließen wir von unserem Kellner aussuchen. Das stellte sich als gute Entscheidung heraus. Genauso leicht wie der Fisch schmeckte auch der Wein.

Ich kenne Vicky und Marco schon lange. Sie waren es auch, die am letzten Abend, bei mir daheim vorbeikamen. Flo, der mit ihnen kam, kannte ich nur vom Hörensagen. Es fühlte sich aber so an, als würden wir eine tolle Zeit miteinander haben.

Nachdem sie ein langes Jahr ohne Wellen hinter sich hatten, freuten sie sich endlos auf das Surfen. Schon am nächsten Morgen machten wir uns auf den Weg nach Zarautz. Der Surf-Hauptstadt im Baskenland. Gemeinsam suchten wir uns einen der vielen Peaks die es am Strand entlang gab aus und paddeln raus. Das Level der Surfer war sehr hoch und ich befürchtete beim Raus paddeln schon, dass diese Session nicht unbedingt eine der Besten des Trips werden würde. Zarautz ist eher vergleichbar mit einem Break wie Malibu oder Huntington Beach. Ich fing gleich gar nicht an zu zählen, wie viele Surfer draußen am Peak saßen. Wir kamen im Lineup an und entschieden uns dazu, es uns erst mal gemütlich zu machen. Die meisten Surfer waren richtig gut und kämpfen unerbittert um jede Set-Welle die reinkam. Ich hatte schon einige Surf Wochen hinter mir und dachte, dass ich es mit denen absolut aufnehmen konnte.

Ein Set rollte rein, ich machte mich bereit. Ich saß gut und paddelte so hart ich konnte. Ich hatte sie, jetzt nur keinen Fehler machen. Nach dem ersten Turn fühlte ich mich wohl. Ich spürte wie sich mein angestrengter Gesichtsausdruck langsam zu einem Lächeln wandelte. Ich genoss eine schnelle, fehlerfreie Ride auf der berühmten Welle in Zarautz. Voll motiviert paddelte ich wieder raus.

Die Session war gerettet. Nach einiger Zeit erwischten auch die Anderen gute Wellen und wir alle waren von Glücksgefühlen erfüllt. Da es in Zarautz aber richtig voll war, entschieden wir uns in moderatere Gebiete weiterzufahren.

Flo, Marco und Vicky packten alles in ihren Bus, mit dem sie unterwegs waren und ich schnallte meine Boards am Dach fest.

Laga

Im Konvoi machten wir und auf den Weg in Richtung Mundaka. Da wir auf einen weiteren, vollen Spot verzichten konnten, entschlossen wir uns kurz vor Mundaka, am Strand von Laga, unsere Zelte aufzuschlagen.

Ich war absolut verblüfft als ich aus dem Auto stieg. Auf der einen Seite das Meer, auf der anderen Seite die Berge. Es kam mir vor, als wären wir in den Alpen. Eben nur mit dem Ozean im Tal. Die

Bucht war von Felsen und Klippen umgeben. Unglaublich schön. Der absolute Kontrast zu Frankreich.

Marco und Vicky waren schon seit einer gefühlten Ewigkeit zusammen und verbrachten jedes Jahr ihren Urlaub gemeinsam beim Surfen. Am nächsten Morgen starteten die beiden eine Entdeckungsreise auf den Berg hinter unserem Camp. Im Gebiet von Laga gibt es unzählige Wandermöglichkeiten. Die Landschaft ist unglaublich schön. Da ich trotz allem nicht sonderlich der Wandertyp bin, blieb ich mit Flo am Strand und im Wasser.

Wir paddelten auf der linken Seite der Bucht raus und waren erst mal ganz allein im Lineup. Die Sonne ging gerade auf und ich spürte Schmetterlinge im Bauch. Vermutlich nicht nur, weil mir eine absolute Wahnsinns-Session bevorstand. Ich konnte spüren, dass Spannung in der Luft lag und traute mich erst mal keine Welle anzupaddeln. Ich war nervös, aufgeregt und wollte mich nicht blamieren. Ach was soll es. Ich weiß, dass ich gut surfe und mein höchstes Ziel einer jeden Welle der Spaß ist. Dieser Morning-Surf wurde unglaublich gut. Die besten Wellen seit Langem und kein Mensch außer uns im Wasser.

Wie könnte es noch besser laufen?!

Wir wechselten uns ab. Die erste Welle im Set nahm Flo, die Zweite oder Dritte schnappte ich mir. Ich genoss es ein bisschen zu wissen, dass er mir beim Surfen zusehen würde, während er raus paddelt. Einmal kam es fast zu einem Crash, weil ich mich zu sehr auf ihn konzentrierte. Ich stand gerade auf, machte meinen Bottom Turn und starrte im direkt ins Gesicht. Da es, wie beim Radfahren, auch beim Surfen so ist, dass man in der Regel dahin fährt, wo man hinschaut, ging diese Welle nicht unbedingt gut aus. Ich raste mit weit aufgerissenen Augen auf ihn zu. Er starrte mit offenem Mund zurück. Gerade als er zu einem Duckdive ansetzen wollte, um unter mir durchzutauchen, sprang ich vom Brett. Ich hoffte nur, dass es ihn nicht treffen würde. Alles ging alles gut und wir lachten herzlich über den Patzer.

Nach der Session zogen wir unsere Neos aus, nahmen eine kurze Dusche direkt am Strand und richteten gemeinsam ein üppiges Frühstück her.

„Warum genau jetzt“, fragte mich Flo.

„Warum hast du die Entscheidung, alles aufzugeben, genau dieses Jahr getroffen?“

Das war die Frage, vor der ich schon lange stand und sie nur sehr schwer beantworten konnte.

„Wenn nicht jetzt, wann dann“, antworte ich etwas ausweichend.

Flo ließ nicht locker.

„Du warst schon so oft auf Reisen. Du hattest schon so oft die Gelegenheit dazuzubleiben. Warum genau jetzt, Mia?“ fragte er beharrlich.

„Also gut, ich muss es mir eingestehen, ich war bis jetzt zu feige. Ich hüllte mich zu Hause in mein Nest und versuchte mir einzureden, dass es genau das ist, was ich will. Ich war nicht ehrlich zu mir selber. Es war genau das, was ich dachte, dass alle von mir erwarten.

Ein fester Wohnsitz, eine geregelte Arbeit mit einem guten Verdienst. Ein fester Freundeskreis und Stabilität. In Wahrheit war ich immer schon sprunghaft veranlagt.

Ich hatte immer gute Jobs, sogar mein eigenes, erfolgreiches Unternehmen. Aber nie für länger als fünf Jahre. Das war ein Rhythmus, der sich bei mir über die Jahre einpendelte. Flo, ich kann dir nicht genau sagen warum genau jetzt. Ich kann dir auch nicht sagen, warum nicht schon viel früher.

Aber ich weiß, dass es genau jetzt das Richtige für mich ist.

Ich bin jetzt 30 Jahre alt, habe keine feste Beziehung und alle Zeit der Welt, um die Welt kennenzulernen."

„Wie sieht dein Leben zu Hause aus Flo", fragte ich nach meinem Versuch die Tatsache warum ich hier war zu erklären.

„Ich schloss mein Studium vor zwei Jahren ab und arbeite seitdem für eine große Firma. Großraumbüro und kleinkarierte Kollegen.

Es ist eigentlich nichts für mich aber ich denke, dass ich es noch eine Weile versuchen sollte.

Das Studium soll ja immerhin nicht umsonst gewesen sein."

Ja, das kann ich verstehen entgegnete ich, obwohl mir dazu, um ehrlich zu sein, das Verständnis fehlte. Gerade so kurz nach meiner Entscheidung, fand ich es nicht gut, sich selbst gefangen zu nehmen. Gefangen in einer Realität, die für einen selber mehr wie eine Fassade, als eine wirkliche Welt wirkt. Aber ich fand, dass es zu früh war, ihm das auf die Nase zu binden. Mal sehen was die Reise noch bringt und deshalb wechselte ich das Thema.

„Wie lange wirst du bleiben?"

„Ich habe vier Wochen und bin erst seit ein paar Tagen unterwegs. Ich möchte noch weiter die Küste entlang und vielleicht schaffe ich es bis Galizien in Nord Spanien."

„Galizien", sagte ich mit einem witzigen Unterton in der Stimme.

„Ja, Galizien, ist daran irgendetwas witzig?"

„Nein, daran ist nichts witzig. Ich war nur schon oft dort und dachte, dass ich es bei dieser Reise einfach auslasse. Je länger ich aber unterwegs bin, desto mehr komme ich von dem Plan ab. Nach den ersten Wochen merkte ich, dass ich es doch sehr genieße etwas Vertrautes zu haben. Etwas auf das ich mich freuen kann."

„Du warst schon da? Wie ist es so", fragte Flo neugierig.

Du wirst schon sehen, erwidere ich keck, in der Hoffnung, dass er noch eine Zeit lang mit mir reisen wird.

Gerade als unsere Unterhaltung ein klein wenig ins Stocken geriet, bogen Marco und Vicky um die Ecke.

Sie waren maßlos beeindruckt von der Schönheit der Landschaft und kamen aus dem Schwärmen gar nicht mehr raus. Bis jetzt waren die beiden viel in Frankreich und Portugal unterwegs. Die Küste Spaniens war ihnen noch fremd, aber versetzte sie vom ersten Augenblick an in Staunen. Schon in San Sebastian waren sie von der Kultur, dem Essen und der Architektur fasziniert.

Mir gefiel es, dass ich ihnen diesen schönen Teil unserer Erde ein kleines Stück näher bringen durfte.

Sie setzen sich zum Essen zu uns und verschlangen nach ihrer Wanderung den restlichen Obstsalat, ein paar Eier und eine Avocado.

Da der Swell gerade zu wünschen übrig ließ, entschieden wir uns für eine Runde Uno. Ja, Uno.

Ich hatte es mitgebracht, weil ich dachte, dass es wohl niemanden auf der Welt gibt, der dieses Spiel nicht kennt oder zu mindestens innerhalb von Minuten lernen konnte.

Im Hintergrund lief die Musik leise dahin und wir hatten Spaß.

Vicky war unsere Uno Meisterin. Sie gewann jedes Spiel und Marco zog schon ein etwas langes Gesicht. Wir neckten ihn damit, aber eigentlich wussten wir genau, dass er nicht gut verlieren kann.

Zum Abschluss gewann auch Marco noch eine Runde und wir konnten alle wieder herzlich lachen.

Laga bereitete uns viel Freude.

Wir erfreuten uns an den anderen Camper rundum uns, weil sie alle absolut gechillt waren. Im Wasser wie an Land. Auch die Locals schienen keine Probleme mit uns zu haben. So kam es uns hier so vor, als wären wir an einem Ort gelandet, der den Vibe von Woodstock versprüht. Hier war jeder gut drauf und lebte in den Tag hinein. Für den Moment war das ganz nach meinem Geschmack. Nach guten Surf-Sessions zog es uns hin und wieder rüber nach Mundaka und wir sahen zu, wie sich absolut geniale Surfer hier eine perfekte Welle nach der Anderen holten.

Es gibt selbst eine Handvoll Hawaiianer, die nach Mundaka zogen. Sie sind von den besten Wellen der Welt weggezogen, weil es hier einfach die, in ihren Augen, perfekteste Welle der Welt gibt. Mundaka.

Für mich war diese Welle eine Nummer zu groß und ich sah mir das Spektakel lieber von der Ferne aus an. Irgendwann, nahm ich mir vor, werde ich diese Welle auch surfen. Ich werde sie mit der gleichen Präzision und Kraft wie die Jungs da draußen surfen. Aber jetzt noch nicht. Jetzt lebe ich mal ohne bestimmtes Ziel von Tag zu Tag, von Surf Session zu Surf Session.

Unsere Abende am Strand von Laga waren vollgepackt mit gutem Essen, vorwiegend frischem Fisch mit buntem Gemüse und einer Menge Spaß.

Wir genossen unsere Zeit hier und wollten gar nicht mehr weg.

Die Umgebung war traumhaft schön und auch ich stieg auf den kleinen Berg direkt am Strand. Man kommt sich hier oben vor wie im Salzkammergut in Österreich, dachte ich. Ein sattes Grün, der Wald oft im Nebel eingehüllt und eine Vegetation wie daheim. Wäre da nicht der Duft des Ozeans und der Blick auf unsere wunderschöne Bucht gewesen, hätte es mich nicht gewundert, wenn hinter der nächsten Kurve, eine Gruppe Menschen in Lederhosen und Dirndl aufgetaucht wäre.

Ich ging allein auf Wanderschaft, um meine Gedanken zu sortieren.

Ich weiß nicht was es war, aber es zog mich zu Flo hin. Ich kenne ihn kaum, dachte ich. Ich habe lange Beziehungen hinter mir und das Letzte was ich im Sinn hatte, war eine Beziehung.

Warum kommt so etwas immer dann, wenn man sich vornimmt, Zeit für sich zu haben. Warum tauchen Männer immer dann auf, wenn man gerade beschloss, neue Wege zu gehen? Warum kann ich die Gefühle nicht abstellen und weitermachen wie bisher. Es läuft doch gut. Ich komme besser klar denn je. Genieße meine Zeit hier auch ganz auf mich gestellt, dachte ich, während ich da oben am Berg saß.

Manchmal vergisst man einfach, dass man genau dann, wenn es einem so richtig gut geht und man für alles offen ist, auch alles Gute anzieht. Just in diesen Momenten ist man bereit für neue Wege, neue Abenteuer und neue Partner.

Mit diesem Wissen im Hinterkopf verstand ich die Welt wieder besser.

Als ich mich auf den Weg runter machte, nahm ich mir vor mit Vicky zu reden.

Immerhin kennt sie ihn besser und länger als ich. Vielleicht verändert ihr Blickwinkel auf die Dinge, auch meinen Blickwinkel oder schafft zu mindestens etwas Klarheit.

Glücklicherweise waren Marco und Flo gerade draußen und schnappten sich eine Welle nach der

Anderen. Perfekt, dachte ich, nachdem ich ihnen kurz zusah.

„Vicky, du kennst Flo doch schon eine Weile. Wie ist er so?“

„Ich wartete bereits darauf, dass du mich das fragst. Flo war dieses Jahr sehr mit seiner Arbeit beschäftigt. Es ist sein erster Job nach dem Studium. Er hat irgendetwas mit Computer studiert. Ich denke, dass er Programme entwickelt. Nun war er sehr darauf fokussiert, seinen Job toll zu machen und er wollte in dem Unternehmen schnell aufsteigen. Ziemlich auf seine Karriere besessen muss ich sagen. Ich sah ihn kaum mehr und hörte nur selten von ihm. Bei einem gemeinsamen Abendessen erzählten Marco und ich ihm von dir und er war überwältigt von deinem Vorhaben und deinem Mut. Er sagt dazu, dass er sich auch wünschen würde, die Kraft zu haben, um diesen Schritt zu wagen.“

„Aber ist er unglücklich mit seinem Job? Du sagtest, dass er aufsteigen wollte?“ fragte ich etwas naiv.

„Ja, er war anfangs sehr glücklich. Er merkte jedoch schnell, dass Geld ihn nicht glücklich macht und er anfangen muss, auf sich zu achten. Seine

Wochenstunden kratzten laut seinen Aussagen ständig an der 60 Stunden Marke und auf Dauer tut das nicht gut."

Welche Alternativen hätte er, wollte ich nun wissen.

„Na ja, er deutete an, dass er, sofern er sich selbstständig macht, Aufträge von Firmen annehmen kann, die seine Dienste nicht direkt vor Ort brauchen. In seiner Branche, kann man wohl vieles über das Internet erledigen. Als er so davon sprach, welche Möglichkeiten er hätte, platzte er auf einmal mit der Frage heraus, ob er nicht mit uns mitkommen könnte. Ich denke, er wollte auch mit, um dich kennenzulernen. Er war so fasziniert von deiner Geschichte."

Mir verschlug es die Sprache und einige Zeit saßen Vicky und ich schweigend nebeneinander. Bis sie mich fragte, was ich von ihm hielt.

Ich denke, meine Wangen wurden purpurrot.

„Weißt du Vicky, ich war auf so was nicht gefasst. Klar dachte ich an das ein oder andere Techtelmechtel aber auf mehr während dieser Reise war ich nicht gefasst. Ich spüre den Unterschied hier ganz deutlich. Ich merke, dass es, wenn es was wird, was Ernsteres sein wird und ich weiß nicht, ob ich mich auf das einlassen möchte."

„Mia, das musst du ganz für dich entscheiden. Ich kann dir nur das Eine mit auf den Weg geben: Flo ist ein herzensguter Mensch und so wie ich ihn kenne, würdet ihr wunderbar miteinander auskommen."

Dieses Gespräch hatte meine Gedanken nicht gerade entwirrt.

Ich war mit ein Grund dafür, dass Flo mitkam. Das ist irgendwie surreal. Aber ist nicht dieses ganze Abenteuer etwas surreal?

Als die beiden Jungs aus dem Wasser kamen, hatten wir den heißen Kaffee für sie schon gekocht und ihre Ponchos lagen bereit.

Sie konnten es kaum erwarten, uns von ihren Wellen zu erzählen. Beide hatten dieses unverkennbare Grinsen im Gesicht. Ein Grinsen, das man nur nach einer unglaublichen Session mit aus dem Wasser nimmt. Sie konnten gar nicht mehr aufhören damit. Bis sie uns nicht jedes Detail ihrer Wellen mitgeteilt hatten, blieb der Gesichtsausdruck unverändert.

Wir freuten uns riesig für sie und beschlossen noch eine gemeinsame Sunset Session einzulegen, sobald sie sich etwas erholt hatten.

Wieder paddelten wir zu viert raus und wieder waren wir allein.

Gemeinsam allein.

Keine Menschenseele war zu sehen, obwohl die Wellen der Hammer waren.

Kopf hohe Brecher rollten mit einem Intervall von 14 Sekunden in die Bucht und bescherten uns endlose Rides, in kraftvollen Wellen. Ich erwischte einige der besten Wellen meines Trips und das auch noch bei so einer ruhigen und perfekten Stimmung.

Wir befanden uns auf einem Hoch, einem Hoch, das so wie es uns schien, niemals enden würde. Voller Freude nahmen wir alle noch eine letzte Welle zum Strand und trafen uns danach an unserem Tisch zwischen ihren Bus und meinem Auto.

Wir spannten an dem Abend eine Plane zwischen den Autos, da es leicht zu regnen begann. Mein Zelt hatte ich die ganze Zeit nicht aufgestellt, weil wild Campen hier eigentlich nicht gestattet war. Ich wollte dann doch lieber so unauffällig wie möglich bleiben.

An diesem Abend gingen wir in das kleine Restaurant direkt am Strand.

Von außen sah es komplett verfallen aus und wir waren gespannt, was uns erwartet. Ein älterer Herr brachte die Karte und jeder bestellte einige verschiedene Tapas, die wir anschließend aufteilen wollten. Somit hatten wir fast jede Art von Tapas bestellt, die sie auf der Karte hatten. Der Kellner verließ mit einem wissenden Lächeln unseren Tisch.

Kurze Zeit später kam er mit einer riesigen Platte voller Köstlichkeiten und einigen Schüsseln zum Tisch zurück.

Unsere Tapas waren so liebevoll angerichtet. Ich muss, ohne zu übertreiben sagen, dass das die weitaus besten Tapas waren, die ich jemals gegessen hatte.

Alle waren happy und wir saßen noch lange mit ein paar Bier zusammen.

Im Laufe des Abends planten wir unseren weiteren Trip.

Für uns war klar, dass wir zusammen weiterreisen möchten. Wir entschieden uns einen Tag in

Bilbao einzulegen und danach direkt weiter nach Galizien zu fahren.

Warum wir nicht auch noch einige der restlichen, spanischen Strände auskundschaften wollten, kann ich nicht mehr genau sagen. Unser Gefühl zog uns in Richtung Westen.

Bilbao

Als am nächsten Tag in der Früh alles verpackt und verstaut war, machten wir uns auf den Weg in die Stadt der Kunst. Bilbao.

Mein treuer Beifahrer, der blau-weiße Rucksack machte Platz für einen Mitfahrer. Flo entschied sich bei mir mitzufahren. Das war eine schöne Abwechslung. Auch wenn es uns nicht gerade voneinander entfernte, sondern nur noch näherbrachte. Leichte Panik machte sich in mir breit, weil ich nicht wusste, was ich davon halten sollte.

Wie auch immer, ich beschloss auf mein Gefühl zu hören. Mein Kopf hatte Pause. Ganz so, wie ich es mir vor der Reise vorgenommen hatte.

Mein Kopf hat mich immerhin jahrelang diktiert.

Am Weg unterhielten wir uns nahezu ohne Punkt und Komma. Wir redeten, beide zu gleichen Anteilen und waren voneinander fasziniert.

Seine Geschichten fesselten mich und wie ich später erfuhr, konnte er sich an meinen nicht satt hören.

Es war die wohl schönste Autofahrt seit meinem Aufbruch.

In Bilbao angekommen, holten wir uns ein einfaches Frühstück aus dem Supermarkt. Ein paar Stück Obst, Nüsse und ein Joghurt. Wir fanden schnell einen schönen Park und genossen das Essen in der Sonne. Hier wirkte alles sehr schnell, nachdem wir die Ruhe und Abgeschiedenheit von Laga gewohnt waren.

Die Stadt am Fluss wirkte aber einen großen Reiz auf uns alle aus. Wir waren bereit sie zu erobern.

Das Guggenheim Museum, ein imposantes Gebäude mit einem Hund aus tausenden und Abertausenden Blumen davor, verschlug mir die Sprache. Unglaublich schön und ein architektonisches Meisterwerk. Jedenfalls sah ich das so.

Die Stadt hat einen Charme, wie ich ihn vorher so noch nicht erlebt hatte.

Kleine Gassen, bunte Häuser, kleine Kneipen mit Tischen, Stühlen und Weinfässern und Menschen, die sich ausgelassen unterhielten, zeichneten ein perfektes Bild. Diese Stadt verzauberte mich und sie musste gar nicht viel dafür tun.

Am frühen Nachmittag, nachdem wir den Vibe der Stadt schon längst übernommen hatten, setzten wir uns in eine kleine Bar und ließen uns Sandwiches mit einem kleinen Bier schmecken.

Das erinnerte mich allerdings auch wieder daran, dass ich langsam aber sicher meine Mails in näherer Zukunft checken müsste und mich an die Arbeit machen sollte.

Die Drei waren noch nie zuvor in Galizien und so war es an mir, sie auf das vorzubereiten, was sie erwarten würde.

Das milde Klima würde, je weiter wir gen Westen kommen, etwas rauer. Regen wird vermutlich ein dauerhafter Hausgast sein, der nur selten verschwindet. Die Wellen sind eventuell nicht ganz so perfekt wie bisher. Allerdings berichtete ich auch von den wunderschönen Klippen, den freundlichen Menschen, der Ruhe, den charmanten Buchten und nicht von minderer Bedeutung, den guten Einkaufsmöglichkeiten in Sachen Lebensmittel.

Gerade mit einem Auto kann man sich hier in der näheren Umgebung mit Fisch, Fleisch, Früchten und allerlei Delikatessen eindecken.

Alles in Allem freuen wir uns auf Galizien.

Den Nachmittag schlenderten wir noch durch die Gassen von Bilbao und saugen die Lebensfreude der Stadt und ihrer Bewohner in uns auf.

Wir fühlten uns fabelhaft und beschließen kurzerhand die Ruhe auf den Straßen in der Nacht zu nutzen und uns auf den Weg zu machen. In jedem Auto gibt es zwei Fahrer und so konnten wir uns abwechseln und die Nacht optimal nutzen.

Galizien

Zur blauen Stunde kamen wir an.

Ein kleines Dorf am Meer mit einigen kleinen Geschäften. Einem nahezu leer stehenden, kleinen Einkaufszentrum in dem noch ein Friseur und ein Supermarkt zu finden waren und zwei China Läden. Dort bekommt man alles und nichts. Es ist eine große Halle in der es von Handy Hüllen, über Wolle und Unterwäsche, alles bis hin zu Gartenmöbeln gibt. Ein Paradies für Schnäppchenjäger und Surferinnen, die dringend Haargummis brauchen.

Wir fuhren durch das kleine Dorf und bogen in die Straße, die zum Meer führt ein. Zu unserer Rechten sahen wir ihn endlich. Der Campingplatz, auf dem ich so viele Sommer verbracht hatte. Der Platz, an dem es vor freundlichen und hilfsbereiten Menschen und Freunden nur so wimmelte und der trotz allem, so viel Ruhe verbreitete.

Es war 8:00 Uhr. In Spanien bedeutet das, dass bis auf ein paar Hunden und Katzen, keine Seele auf den Straßen zu sehen ist.

Wir parkten die Autos, kochten am Parkplatz einen Kaffee und ich führte die drei zuerst an das berühmte Eck. Das Eck, von aus man an den Homespot sehen kann. Der Platz von dem aus, entschieden wird, ob man sofort seine Sachen packt und runter an den Strand rennt, oder sich noch eine Zeit vor das Zelt legen sollte.

In der Ferne stand ein Leuchtturm und die Klippen der Bucht sind von hier aus auch zu sehen.

Sie waren begeistert und der Swell den wir sahen, verhieß auch nur Gutes.

Es war aber noch ein klein wenig Abwarten angesagt. Die Tide war gerade noch zu hoch und wir warteten mit dem Surfen noch, bis das Wasser etwas abgelaufen war.
Langsam aber sicher, erwachte auch der Campingplatz zu Leben.

Der Schranken wurde geöffnet und das Gitter vor der Rezeption und dem Mini-Markt wurde mit einem Knattern zurückgeschoben. Ein bekanntes Gesicht, das Gesicht des Besitzers des Platzes, strahlte mich schon von weitem an. Jetzt war als erstes eine lange Umarmung angesagt. Wir kannten uns schon lange, freuten uns einander zu sehen und teilten ein paar Floskeln aus einem Mix aus Spanisch und Englisch aus. Ich stellte noch schnell meine Freunde vor und danach ging alles ganz schnell und unkompliziert. Ein großer Gegensatz zu den Check-Ins auf den Campingplätzen in Frankreich.

Wir sollen uns einfach einen Platz suchen, alles in Ruhe aufstellen und später mal auf einen Kaffee vorbeikommen. Nur die Ruhe und nichts überstürzen lautet hier die Devise.

Mein Lieblingsplatz ist frei und aus dem Grund, stand auch dieses Jahr mein Zelt wieder an genau der gleichen Stelle, wie in den Jahren zuvor. Der Platz ist terrassenförmig angelegt, Blumen zieren den Gehweg und dienen als Sichtschutz. Rasen, eine Seltenheit auf Campingplätzen im Süden, lädt dazu ein das Zelt aufzubauen und die Schuhe auszuziehen. Viele der Campingplätze in der Umgebung und in Frankreich, bieten einen Boden, der aus einem Gemisch aus Sand und Erde besteht. Sobald man seine Füße darauf setzt, sind diese bis zum Ende des Aufenthaltes grau-braun. Das kann hier nicht passieren. Nicht, sofern es nicht tagelang durchgehend regnet, was allerdings durchaus mal der Fall sein kann. In der Regel ist es dann aber, leider, auch kalt und man packt gerne seine festen Wanderschuhe oder Stiefel aus.

Jedenfalls schlugen wir unsere Zelte auf und genossen die herrliche Aussicht für einen Moment. Es dauerte nicht lange und meine Ankunft hatte schon die Runde gemacht.

Viele bekannte Gesichter versammelten sich auf unserem Platz. Wir tauschten Geschichten aus dem letzten Jahr aus und versicherten uns, ob es wohl auch jedem gut geht. Ich erfuhr, wer schon da war und wer noch kommen wird. Ich erfuhr auch wer gerade, aus welchem Grund nicht da ist, später aber sicher noch Hallo sagen wird.

Es war, als wären keine zehn Monate vergangen, seitdem wir uns das letzte Mal begegneten. Es war wie immer. Es war schön. Es war liebevoll.

Mia, du bist wieder da, höre von der nahen Ferne.

Ich drehte mich um, eine liebe Freundin aus Österreich kommt auf mich zu und wir umarmen uns. Ganz wie letztes Jahr und das Jahr davor.

Auch wir tauschten uns kurz aus und gehen sicher, dass es dem Anderen gut geht.

Die ersten Surfer machten sich bereit, um sich in die Wellen zu stürzen. Das Surfcamp schräg gegenüber erwachte auch schön langsam aus den Träumen.

Das Frühstück im Camp war im vollen Gange, als auch wir uns auf den Weg ins Camping Restaurant machten, um bei einem vorzüglichen Kaffee, alles abzuklären, was noch wichtig erschien.

In dem Fall ist es der Name und eine kurze Information darüber, wie lange wir bleiben wollen.

Vicky, Marco und Flo geben an, noch zwei bis drei Wochen zu bleiben.

Ich sage, dass ich erst mal auch solange hier bleibe, es aber sein kann, dass sie mich länger hier haben werden. Ein Lächeln am Gesicht des Besitzers und damit war alles geklärt.

Wir trinken den Kaffee noch in Ruhe aus und machen uns dann langsam auf den Weg nach oben zu unserem Platz

Um Surfen zu gehen, waren wir nach der langen Fahrt zu müde. Deshalb beschlossen wir uns noch frisch zu machen und danach ein kleines Nickerchen einzulegen. Die aufgehende Sonne spendete schon etwas Wärme und so machte ich es mir vor meinem Zelt auf meiner Picknickdecke gemütlich.

Flo schaut mich fragend an und mit einem kurzen Nicken mache ich ihm klar, dass ich mich freuen würde, wenn er sich neben mich legt.

Uns fallen sofort die Augen zu und wir schlafen Arm in Arm ein.

Zweisamkeit

Als ich wach wurde, hatte ich noch nicht realisiert, was gerade passiert war. Ich wusste nur was ich fühlte und das war schön. Ich lag allerdings allein auf der Decke. Flo saß auf meinem Campingstuhl und sah mich mit seinen sanften Augen, verträumt an. Diese Augen. Ich konnte sie stundenlang ansehen und mich in ihnen verlieren.

Ich stand auf, setzte mich zu ihm und er hielt mir eine frisch gekochte Tasse Kaffee unter die Nase. Herrlich, dachte ich mir.

Zaghaft berührten sich unsere Hände. Umgeben von den schönen Blumen und die zwitschernden Vögel, küssten wir uns zum ersten Mal. Als unsere Lippen sich trennten, sahen wir uns noch einen Moment lang in die Augen und merkten wohl im selben Moment, dass es genau das ist, was wir wollen. Unsere Hände hielten sich und wollten sich nie mehr trennen. Er streichelte mit seinem Daumen meinen Handrücken. Weich aber nicht zu zaghaft. Gänsehaut machte sich auf meinen Körper breit. Meine Nackenhaare stellten sich auf und ein wohliger Schauer durchzog meinen Körper. Dieses Gefühl wollte ich am liebsten einpacken uns konservieren. Fest verschließen und nie wieder loslassen.

Es war perfekt. Meine, oder soll ich sagen, unsere Reise, war nun perfekt.

Einige Minuten später, Flo und ich saßen Händchen haltend da, kamen auch Vicky und Marco vor unser Zelt. Auch sie wurden mit einem Kaffee begrüßt und der Ausdruck in ihren Gesichtern signalisierte uns, dass sie sich für uns freuten. Es bedarf keinen weiteren Worten zu diesem Thema. Es war fast so, als wäre es schon immer so gewesen.

Da unsere Vorräte langsam ein Ende nahmen, stiegen wir ins Auto, um in das nächste, gut sortierte, Geschäft zu fahren. Ein riesiger Laden, aber ich kannte jeden Gang. Wusste, wo wir Kerzen finden würden, wusste ganz genau wo der Fisch zu finden war und wo das gute Iberico Fleisch versteckt lag. Kokosmilch ohne Zusatzstoffe, Früchte, Gemüse und eine Flasche Wein, fanden neben anderen Kleinigkeiten, den Weg in den überdimensionierten Einkaufswagen. Eineinhalb Stunden später traten wir aus dem klimatisierten

Einkaufstempel und wurden von der feucht-warmen Luft fast erschlagen. Nun nur schnell heimfahren, alles ausladen und dann nichts wie ab in die Wellen.

Nachdem wir die erste Ebbe des Tages verschlafen hatten, sollten wir es jetzt genau richtig, zur zweiten Ebbe schaffen.

Den dünnen 2 Millimeter Neoprenanzug tauschten wir alle mit einem 4/3 Millimeter Anzug. Das Wasser ist in Galizien empfindlich kälter als in Frankreich und der spanischen Küste entlang. An manchen Tagen sind sogar, je nach Empfindlichkeit, auch Schuhe aus Neopren angesagt, damit blaue Zehen erspart bleiben. Flo geht nie ohne Booties raus und verzichtet auch nur ungern auf seine Haube. Genauso wie Vicky. Auch sie packt sich im Lineup gut ein. Ich kann es aus irgendeinem Grund nicht leiden mit Booties und Haube zu surfen. Ich spüre gern das Wachs unter meinen Füßen und ich höre den Ozean und den Wind. Das sind auf alle Fälle gute Gründe für mich, oben und unten, ohne zu gehen.

Wir verteilten unsere Einkäufe auf das Zelt und den Bus und packten alles schnell verderbliche in unseren Kühlboxen. Strom ist hier keine Mangelware und wir konnten unsere Mini Kühlschränke, Strom für die Laptops und für unsere Lichter genießen. Ein wahrer Luxus, nach dem wild Campen der letzten Tage. Obwohl es auch seine Vorzüge und einen Charme hat, auf Elektronik zu verzichten.

Jetzt war es aber höchste Zeit. Es war so gut wie Low Tide und wir gingen noch mal an das Eck, um den Surf zu checken.

Es sieht gut aus. An einem Peak kommen vorwiegend Linke rein und ein Stück weiter die Bucht entlang, sehen wir eine konstante Rechte. Für uns passte es gut und wir machten uns fertig für die erste Session in Galizien.

Der dicke Anzug war deutlich schwieriger anzuziehen und bei den herrschenden Temperaturen, war das Unterfangen schweißtreibend. Es lohnte sich aber trotzdem immer wieder.

Alle waren fertig, die Boards bekamen eine frische Schicht Wachs und es ging los.

Wir liefen die Straße zum Strand hinunter, bogen in eine kleine Seitenstraße ein, begrüßten den Hund, der in einem der Gärten kurz vor dem Strand wartete und bellte und waren schon am Strand.

Wir entschieden uns dafür, den Peak mit den Linken zu nehmen und würden, falls es doch nicht so gut ist, die Bucht zu dem anderen Peak entlang paddeln.Wir paddelten gemeinsam raus. Vier in einer Reihe.

Marco und Flo schafften es als erstes in Lineup. Vicky und ich trieben ein Stück ab, weil uns ein Set erwischte. Nach einem anstrengenden Weg nach draußen waren aber kurz darauf auch wir hinter den Brechern und schnauften einen Moment durch.

Einige Locals, ein paar Gäste des Surfcamps und zwei Surflehrer waren auf dem gleichen Peak wie wir. Ich war gut in Form und lies mich davon nicht, so wie in den vergangen Jahren, abschrecken. Ich paddelte an das rechte Ende der Gruppe von Surfern, um am richtigen Take-Off Spot zu sitzen. Kommt eine Welle, hat der Surfer Vorrang, der am nächsten zu Peak, zum höchsten Punkt, der noch grünen Welle ist. Nach kurzer Zeit kommt das erste Set rein. Ich saß gut, aber nicht perfekt. Ein Local paddelte um mich rum und schnappte sich die erste Welle des Sets. Was soll es, denke ich mir und bringe mich für die zweite Welle des Sets in Position. Jetzt passte es perfekt.

Ich drehte mich um, paddelte so hart ich konnte, die Welle nahm mich mit. Schnell stand ich auf und fuhr nach unten in das Wellental. Ich war auf meiner Backside, surfte mit dem Rücken zur Welle und hatte, als ich meinen Bottom Turn machte, gleich wieder den obersten Punkt der Welle im Blick. Mein Gewicht verlagerte sich auf meine Fersen und ich zog schnell und kraftvoll nach Oben. Kurz bevor ich den höchsten Punkt erreichte setzte ich zu einem erneuten Turn an. Ich blickte nach rechts, mein Körper drehte nach und ich fuhr dem Weißwasser entgegen, um die Kraft der Welle voll auszunutzen. Kurz vor dem Weißwasser drehte sich mein Kopf wieder nach links, mein Körper drehte nach, reagierte perfekt und ich drehte nach links. Mit ein paar Mal pushen erlangte ich wieder Geschwindigkeit und surfte die Welle noch mit einigen Manövern zu Ende.

Ich kickte raus, hinter die Welle, flog in hohem Bogen nach oben und spürte, wie meine Leash mich nach unten in das Wasser zieht. Ich legte mich wieder auf das Brett und nach ein paar Duckdives war ich wieder im Lineup. Dabei musste ich den fettesten Grinser aller Zeiten im Gesicht haben.

Eine gute erste Welle an einem Spot ist nicht nur für das Selbstbewusstsein gut. Es verschafft ein wenig Respekt. Gerade als Frau hat man es nicht immer leicht an einem von Männern dominierten Spot. Es kommt oft vor, dass Jungs droppen. Du nimmst die Welle, hast Vorrang, aber ein anderer Surfer paddelt genau vor dir in die Welle. Du bist hinter ihm oder ihr und kannst die Welle, sofern du den anderen Surfer nicht aus der Welle drängen willst, nicht fertig surfen und wirst in der Regel von dem Weißwasser rausgespült.

Wenn du aber respektiert wirst, und die Anderen sehen, dass du die Wellen nicht verschwendest, dann passiert das weniger. Das wäre geschafft und ich kann mich nun ganz auf die Wellen konzentrieren.

Ich bemerkte ein paar anerkennende Blicke von den Anderen in meine Richtung und fühlte mich gleich zehn Zentimeter größer.

Vicky, Marco und Flo hatten an diesem Tag, nicht so viel Glück. Auch sie surfen, so wie ich, mit dem linken Fuß vorne, sind in der Boardsport-Sprache also regular. Damit müssen sie bei links brechenden Wellen mit dem Rücken zu Welle surfen. Das ist nicht ganz einfach und ihnen gelang kein guter Ride.

Der Homespot hatte auch seine ganz eigenen Tücken. Es passierte oft, dass man sich die Situation vom Strand aus ansah, raus paddelte und plötzlich war alles ganz anders. Peaks die gerade noch liefen, funktionierten doch nicht. Die Gezeiten änderten sich schnell und Wellen schälten sich nicht mehr schön ab, sondern fielen einfach als Ganzes um. Es braucht Zeit bis man Spots versteht.

Etwas betrübt gingen sie nach oben.

Ich versuchte meine Freude über die guten Wellen im Zaum zu halten und wollte sie damit nicht aufziehen.

Bis wir den Campingplatz erreichten waren sie wieder guter Dinge und wir schmiedeten Pläne für den Abend.

Ein Konzert stand im Restaurant des Campingplatzes auf dem Programm und wir hatten große Lust darauf.

Ich zauberte vorher noch ein tolles Abendessen.

Tintenfischringe in Kokosmilch mit Gemüse und Reis. Fein abgeschmeckt mit Kräutern und einer Prise Salz. Wir schlugen uns die Bäuche voll und gönnten uns noch ein Gläschen Wein.

Später am Abend machten wir uns auf den Weg zum Konzert.

Das Restaurant war schon gut gefüllt und wir warteten gespannt auf die Musik. Es war ein großartiger Abend mit gutem Sound, ein wenig Tanzen und dem einen oder anderen Glas Gin Tonic.

Flo und ich gingen als erste Hoch zum Zelt und verbrachten unsere erste gemeinsame Nacht. Es knisterte nicht nur die Zeltplane.

Gefühlvoll und doch mit so viel Spannung in der Luft, versuchten wir nicht allzu laut zu sein und das Zelt vor dem Wackeln zu bewahren.

Vicky und Marco, sind den Schiebetüren-Geräuschen nach zu urteilen, wohl eine Stunde nach uns hochgekommen. Leises Gekicher war am Platz noch bis spät in die Nacht zu hören und am nächsten Morgen schauten einige der Camper müde aus der Wäsche.

Ich ging schon früh, mit einem Grinsen im Gesicht, zum Eck. Als um 07:30 Uhr die Sonne aufging, stand ich schon mit meinem ersten Kaffee unten und blickte über das Meer.

Bis auf ein paar Fischerbooten und den letzten Lichtkegeln, die der Leuchtturm von sich gab, war nicht viel zu sehen.

Es war flach, komplett flach.

Schnell checkte ich meine Surfvorhersage App. Es würde heute, so wie es aussieht, den ganzen Tag nicht viel besser werden und ich überlegte, was wir stattdessen machen könnten.

Erstmal ein reichliches Frühstück denke ich und erledige den Abwasch vom Vorabend, damit genug sauberes Geschirr da ist.

Ich schnitt einen Obstsalat und dachte dabei an die letzte Nacht.

Es war so vertraut, so zärtlich und doch impulsiv.

Es war so richtig.

Pünktlich, wie auf die Minute kamen alle zum Tisch und wir ließen uns das Frühstück schmecken.

Pferde, Klippen und Gitarren

Ich schlug vor, zu einem ganz besonderen Ort mit Wildpferden und steilen, hohen Klippen zu fahren. Ein Ort, der so kraftvoll und schön ist, dass man ihn einfach einmal im Leben sehen muss.

Wir packten eine kleine Jause in das Auto und fuhren gemeinsam zu den Klippen hoch. Zuerst erkundeten wir gemeinsam die Umgebung und erfreuten uns an der Schönheit der Landschaft. Tief unter uns bewegte sich der Ozean sanft auf und ab. Es wirkte so friedlich.

Hier erstreckte sich alles sehr weitläufig. Die hohen Klippen ziehen sich schier endlos. Sie fallen steil und rau in Richtung Ozean ab. Unten wütet die Gischt. Die Wellen prallen unerbittlich gegen die Felsen und verursachen Fontänen an Wasser, die in die Luft steigen. Kühe und Wildpferde grasten friedlich. Es ist ein magischer Ort der Ruhe, Kraft und Klarheit spendet.

Nach einiger Zeit fand jeder sein Fleckchen für sich allein. Wir alle nutzen die Zeit, um über unsere Leben nachzudenken.

„So lange überlegte ich. So oft sah ich mich gehen. Jetzt bin ich hier. Endlich.

Im Nachhinein möchte ich nicht sagen, ich hätte früher gehen sollen. Nein. Ich möchte im Nachhinein auch die Dinge, die ich daheim erleben durfte, nicht missen. Und wenn ich ehrlich zu mir bin, waren diese Dinge wichtig. Das eigene Unternehmen aufzubauen. In einem anderen Unternehmen zu wachsen. Jetzt die Früchte dieser Arbeit zu ernten. Darauf möchte ich nicht mehr verzichten.

Jedoch weiß ich jetzt, dass nicht das Gehen glücklich macht. Es ist allein die Einstellung. Heute sitze ich hier überflutet von positiven Gefühlen und einer neuen Denkweise. Alles, wirklich alles, macht Sinn und ist positiv. Selbst ein platter Reifen wäre in meinen Augen jetzt positiv. Wer weiß wovor mich der Platten bewahrte. Diese Einstellung kam nicht wegen meinem Entschluss, sondern mit meinem Entschluss. Mit Beginn der Reise wusste ich, dass ich etwas grundlegend ändern muss und möchte. Jammern, negative Geschichten, andere Menschen ausrichten und das Zulassen von Ärger gibt es bei mir einfach nicht mehr. Sobald ich diese Art von Gefühlen spüre, denke ich sofort einen positiven Gedanken. Noch in der gleichen Sekunde. Egal wie klein dieser sein mag. Mit dem ersten positiven Gedanken kommt der Nächste, schon etwas größer. Wieder einer und noch einer. Kaum versieht man sich, steht man grinsend da.

Ich musste die Zeit nutzen, um zu arbeiten und setzte mich mit meinem Laptop runter in das Restaurant.

„Ein Kaffee mit Milch bitte und das WLAN Passwort, falls es nicht immer noch das Gleiche wie im Vorjahr ist", sagte ich in so gutem Spanisch wie nur irgendwie möglich.

Mein Laptop verband sich automatisch mit dem Internet, also war die Frage nach dem Passwort umsonst. Hätte ich mir auch denken können, dass sich hier nichts änderte. Es freute mich, dass es noch Orte gab, an denen alles beim Alten blieb.

Ich machte meinen Posteingang auf und freute mich im ersten Moment noch über das Mail der Firma, für die ich arbeitete. Es ist auch ein Attachment dabei, was bedeutete, dass ich Arbeit hatte.

Darauf freute ich mich schon riesig. Ganz ohne Arbeit konnte ich doch nicht. Der Inhalt der Mail war dann aber doch nicht erfreulich. Weiter im Text hieß es, dass sie im Moment so gut dabei sind, dass sie die nächsten Wochen keine Grafiken für mich haben. Sie würden sich im Herbst wieder bei mir melden.

Das waren keine guten Nachrichten.

Ich verbrachte den Nachmittag damit, das File zu bearbeiten und schickte es ihnen zu. Auf ihre Nachricht gehe ich nicht besonders ein und schreibe nur, dass ich mich freuen würde, wieder von ihnen zu hören. Langsam packte ich meine Sachen und trottete wieder zum Zelt hoch. Die Anderen lagen in der Sonne und sahen mir sofort an, dass etwas nicht stimmte. Ich erzählte was passiert war und war froh darüber, noch genug von meinem Ersparten zu haben. In dem Moment kamen ein paar Leute des Surfcamps vorbei und wir hatten endlich die Gelegenheit dazu, uns zu unterhalten. Die Verbindung war sofort wieder da und wir verstanden uns toll. Sie bekamen mit, was los war und nach einigem Hin und Her, hatte ich ein Mini Jobangebot in der Tasche. Ich konnte, bei Bedarf, Yogastunden für die Gäste abhalten. Das war doch gar nicht schlecht. Ich mache so oder so nahezu jeden Tag meinen Yoga Flow und arbeite gerne mit Menschen. Ich freute mich wahnsinnig darauf.

Perfekt, meine Welt war gerettet.

In diesen Momenten wird mir wieder klar, wie wichtig es ist, immer positiv zu denken. Durch positive Gedanken kommen positive Dinge in das Leben.

Negatives, kann nur negatives anziehen, genauso, wie positives, immer nur positives anzieht.
Auf meine Gedanken achtete ich schon lange. Seitdem ich das machte, taten sich immer wieder Gelegenheiten auf, von denen ich nie gedacht hätte, dass sie wirklich eintreten können. Das Leben verläuft mit einer Leichtigkeit, die seinesgleichen sucht.
Ich lernte aber, dass ich reagieren muss, wenn eine herbeigesehnte Situation, nicht mehr passend ist. Was in dem einen Moment noch genau das Richtige ist, musste ich, wenn die Zeit reif war, auch wieder loslassen können. Genau so, wie ich mein altes Leben losließ. Das Universum bietet so viele Wege, wir müssen nur den passenden für uns aussuchen.

Guter Dinge holte ich meine Gitarre aus dem Zelt und spielte nach langer Zeit wieder mal frei vor mich hin. Ich war nicht sonderlich gut, konnte aber den Takt halten und einfache Songs spielen. Es tat mir gut und ich konnte abschalten, die Welt ausblenden und einfach nur die Melodie genießen. Lange saß ich da und nahm nur nebenbei wahr, dass sich die Anderen zu mir auf die Decke setzen und mir lauschten. Es war wieder diese unwirkliche Woodstock Stimmung in der Luft. Konnte es noch besser werden oder war es genau das, wonach ich mich lange sehnte? Dieses Leben war einfach wunderbar.

Selten schweiften meine Gedanken in die Realität, die ich zu Hause gelebt hatte, ab. Nur wenig dachte ich an die langen Tage im Büro. An meine Kollegen, die gerade in diesem Moment vor ihren PCs sitzen. Wenn es mir aber passierte, war ich froh, dass ich mich befreien konnte.

Klar, auch jetzt musste ich Geld verdienen. Musste mich darum kümmern, dass mein Auto funktioniert. Mich dann und wann daheim melden, um Bescheid zu geben, dass es mir gut geht. Das war aber kein Vergleich. Ich war nicht ferngesteuert. Im Wesentlichen war ich nur von der Brandung abhängig.

Gute Wellen, bedeutet surfen. Keine Wellen bedeuten chillen, arbeiten, einkaufen und sonstige

Kleinigkeiten erledigen, die, auch wenn man den Trip seines Lebens erlebt, nicht ausbleiben.

Vielen am Campingplatz war die Umwelt extrem wichtig. Gleich wie mir. Wir versuchten nicht nur nachhaltig einzukaufen und ressourcensparend zu leben. Eine unserer Maßnahmen war ein geringer Verbrauch tierischer Produkte. Es gab dann und wann Fleisch, aber mit Maß und Ziel. Im Einklang mit der Natur zu leben und zu surfen bedeutet auch, den Strand sauber zu halten. Keine Wellen hießen Zeit für Beach Clean Ups. In einer großen Gruppe gingen wir den Strand entlang und sammelten Müll. Das tat nicht nur der Umwelt gut. Es schaffte auch Möglichkeiten sich besser kennenzulernen und bot Zeit für interessante Gespräche. Es kam schon mal vor, dass wir den ganzen Nachmittag am Strand beim Aufsammeln verbrachten. Anschließend genossen wir den Sonnenuntergang mit einer Flasche Wein am Strand. Solche Erlebnisse verbanden uns alle. Es spielt keine Rolle, wo wer herkam oder welche Herkunft es gab. In diesen Momenten waren wir eine große Familie. Nachdem mir klar wurde wie sehr unser Ökosystem unter dem Mensch gelitten hatte, beschäftigte ich mich intensiver damit. Wir organisierten regelmäßige Beach Clean Ups. Es fiel schnell auf, dass Menschen die uns sahen, viel aufmerksamer mit ihrem Müll umgingen.

Außerdem achtete ich auf die Inhaltsstoffe meiner Kosmetik. Mikroplastik war das Letzte, das ich in unserem Ozean haben wollte. Recyclen war am Campingplatz nicht gang und gebe. Es war ein leichtes Schilder herzustellen. Damit dachten unsere Nachbarn am Campingplatz ein zweites Mal darüber nach in welche Tonne der Müll wandert. Ich konnte mit dem Surfcamp einen Deal abschließen. Sie verwendeten keine Plastikbecher mehr und stellten stattdessen coole Glasflaschen mit eigenem Logo zur Verfügung. Am Ende des Urlaubs konnten die Gäste eine Flasche erwerben. Eine Win-win Situation für das Surfcamp, die Gäste und die Umwelt. Ich war ein Bisschen stolz, auf das was ich leisten konnte.

Zu meinem Einklang mit Natur und Körper gehörte Yoga.

Meine erste Yoga Stunde mit fünf Teilnehmern stand bevor und ich liebte es mich darauf vorzubereiten. Ich entwickelte einen Flow, der nicht nur den Rücken der Teilnehmer stärken sollte, sondern auch ihre Stabilität verbesserte.

Ich war voll in meinem Element. Legte so viel Herz in diese Stunde, dass es mir einen spürbaren Energieschub gab.

Die Stunde fand am frühen Abend, auf einem ruhigen Plätzchen in der Wiese statt.

Es war energiegeladen und wunderschön.

Ich spürte wie die Anspannung von meinen Teilnehmern abfiel, während sie ihre ersten Atemtechniken trainierten. Sie waren alle samt Anfänger, aber davon war nicht viel zu merken. Ihr Elan, der sich auf wundersame weise verbreitete, stärkte auch mich.

Die Stimmung nach der Stunde war gut und so konnte ich damit rechnen, dass auch die nächsten Stunden zustande kommen würden.

Auch für die nächste Einheit hatte ich schon Ideen und so war es weniger anstrengend, als erfüllend, die Stunden abzuhalten.

Voller Freude kam ich nach der Stunde in unser kleines Camp zurück und die Anderen überraschten mich mit einem guten Essen.

Es duftete schon von Weitem und ich konnte Thymian, Basilikum und Oregano riechen.

Spaghetti a`laSurf-Friends standen auf dem Tisch und ich musste mich nur mehr setzen und reinhauen. Ich war am Verhungern und schlemmte bis ich nicht mehr sitzen konnte.

Dabei ließ ich mir aber jeden Bissen auf der Zunge zergehen. Schmeckte jede Geschmacksrichtung mit vollem Bewusstsein und war überglücklich, mit so tollen Menschen an einem Tisch zu sitzen.

Es war Juli und das Wetter war, wider Erwarten, sehr gut.

Bis jetzt blieben wir vom Regen verschont und die Sonne strahlte von morgens bis abends.

Das ist untypisch für Galizien, aber wir waren dankbar dafür.

Nach dem Abendessen gingen Flo und ich die Klippen der Bucht hoch und machten es uns gemütlich. Uns bot sich ein rot-oranges Feuerwerk am Himmel. Wir beobachten die Sonne während sie langsam hinter der Landzunge verschwand.

Wie vom Meer ausgelöscht, hinterließ sie ein Farbenspiel wie es prächtiger nicht sein konnte.

Die Klippen waren von stacheligen Büschen überseht, aber es gab eine Stelle, an der man sitzen konnte. Eine weiche Stelle, die mit Moos und Gras überwachsen war. Fast wie eine Turnmatte mit einer Decke oben drüber, fühlte es sich an. Warm und weich.

Wir saßen Arm in Arm da, beobachteten die Farben am Himmel und die sanften Bewegungen des Atlantiks.

Für diese Momente lebe ich, dachte ich bei mir und sah Flo dabei verträumt an.

Er spielte mit meinem Armbändchen die ich immer trug, wenn ich nicht gerade surfen war. Hin und wieder vergaß ich sie sogar vor den Sessions abzunehmen. Ich kann nicht mehr sagen wann genau. Irgendwann verliebte ich mich in Makramee Armbändchen und knüpfte immer wieder mal welche. Einige für mich und ein paar zum Verschenken. Die Anhänger und Perlen dafür fand ich in einem winzig kleinen Geschäft in Ferrol. Meerjungfrauen, Schildkröten und bunte Perlen. Ich verwendete auch kleine Holzperlen die ich aus Treibholz herstellte. Da dies aber ein langwieriges Unterfangen war, gab es davon nicht viele Armbänder. Ich liebte es, wenn er mit meinen Bändchen spielte. Es kitzelte.

Was für ein Glück mir mein Mut bescherte. Es ist unglaublich, wie sehr eine einzige Entscheidung das Leben verändern kann.

Zum Guten oder zum Schlechten. In dem Fall ganz klar zum Guten.

Nach einer Weile wurde es kühl und wir machten uns auf den Weg zurück.

Wir schlenderten am Strand entlang bis wir zu der kleinen Seitengasse kamen die zur Straße führt und bogen danach rechts in Richtung Campingplatz ab.

Kurz sahen wir noch zum Restaurant rüber, um zu sehen, ob Freunde da waren.

Im Moment war es noch ruhig und wir beschlossen zum Zelt zu gehen.

Auch Vicky und Marco waren da und studierten den Stormrider Guide.

Nachdem es heute komplett flach war, dachte ich nicht daran, nach anderen Spots Ausschau zu halten. Wenn hier nichts geht, dann läuft es sonst wo auch nicht.

Sie informierten uns, dass es morgen nur so krachen soll und sie nach einer geschützten Bucht suchen.
Ich nahm den Guide, öffnete meine App und wusste sofort, was das bedeute.

Für den Homespot würde es tatsächlich zu groß werden. Zu mindestens für uns. Der Break würde die große und Kraft zwar eventuell halten, aber es würde mehr einen Kampf, statt Vergnügen gleichen.

„Leute, wir haben zwei Möglichkeiten. Wir können rüber an die andere Seite der Bucht fahren und beim Leuchtturm surfen. Durch die Krümmung der Bucht kommen die Wellen hier nur abgeschwächt rein und es könnte sehr gut laufen.

Wenn es richtig hoch wird, können wir aber auch an einen Spot ein paar Buchten weiterfahren. Die Bucht ist geschützt und die Wellen kommen nur rein, wenn es anderswo richtig hoch ist. In dem Fall laufen sie dort sehr moderat rein und man kann die Longboards auspacken.

"Ich würde sagen, dass wir morgen mal checken wie es aussieht und auch das Wetter mit einbeziehen. Wenn es regnet und stürmisch ist, dann wäre es besser, wenn wir zum Leuchtturm fahren, weil wir dann schneller auch wieder hier sind.“

„Alles klar“, stimmten alle zu.

Der nächste Tag zeichnete sich bereits in der Nacht ab.

Der Wind peitschte Regen gegen das Zelt und kleine Äste fielen von den Bäumen. Sehr viel

Schlaf bekamen wir nicht, aber genug, um es am nächsten Tag aus dem Zelt zu schaffen. Den Kaffee kochten wir im Vorzelt und wir saßen auf engem Raum unter der Plane.

Ich musste all meine Überredungskünste einsetzen, um die Anderen überhaupt dazu zu bewegen, mit an das Eck zu kommen.

„Leute, zieht eure Regenklamotten an und ab geht´s“.

Wir liefen runter an das Eck, sahen das peitschende Meer und mussten das Fernglas zurate ziehen. Ob es auf der anderen Seite der Bucht wohl besser aussieht?

Der Nebel hängt am Strand und ich konnte nichts erkennen. Ob es drüben beim Leuchtturm besser sein würde, konnten wir nur vor Ort sehen.

Wetsuits, Pochos und Boards wanderten in den Bus und wir fuhren rüber.

Mit offenen Mündern standen wir da und uns wurde schnell klar, dass das hier heute nichts werden würde.

Ab zu der geschützten Bucht. Unsere letzte Chance für heute.

Neben der Straße gibt es einen kleinen Aussichtsplatz, von dem aus wir in die Bucht sehen konnten. Nur ein paar Autominuten entfernt. Also wieder ab in den Bus.

Der Duft war nicht gerade angenehm. Vier nasse Menschen auf engstem Raum, in einem Bus der seit der Abreise nicht geputzt wurde. Wir kurbelten, trotz des Regens das Fenster, ein kleines Stück, nach unten damit der Dampf raus konnte.

Wir erreichten den Aussichtsplatz und das gefiel uns definitiv besser.

Die Wellen kamen geordnet rein und wirkten von Oben, absolut surfbar.

Über einen wilden, schmalen, mit kleinen Rinnsalen übersäten Weg ging es in Richtung Parkplatz. Es war eine wilde Fahrt nach unten, aber wir überstanden sie.

Der Parkplatz war leer, ein sehr gutes oder sehr schlechtes Zeichen. Je nachdem wie man es deuten möchte. Es kann sein, dass bei diesem Wetter, kein Mensch einen Fuß vor die Haustüre setzen möchte, oder, dass es unmöglich ist, heute hier zu surfen.

Bevor wir alles auspackten, wollen wir einen genaueren Blick auf die Lage wagen.

Wir gingen den Weg zum Strand entlang und unsere Schuhe waren schon nach wenigen Metern komplett durchnässt.

Was wir nach ein paar Minuten zu sehen bekamen, verschlug uns aber den Atem.

Relativ klare Linen kamen an den Strand gerollt. Nicht groß, aber es sah kraftvoll genug aus, um sie zu surfen.

Wir entschieden uns für unsere Funboards. Etwas mehr Volumen unter den Füßen konnte in dem Fall nicht schaden.

Es war ein Tag für die Bücher.

Uns war zwar kalt, es regnete wie in Strömen, aber wir hatten unglaublich viel Spaß. Zu unserem Glück wehte der Wind vom Land in Richtung Meer und somit stellten sich die Wellen noch etwas auf und wir alle hatten lange Rides. Schön gemütlich, ohne unangenehme Wipeouts und ohne andere Surfer im Lineup.

Nach zwei Stunden war uns jedoch so kalt, dass wir es nicht mehr aushalten konnten.

Vicky war schon früher rausgegangen und machte es sich bereits in einem unserer Boardbags gemütlich. Gut, dass wir die Funboards mitgenommen hatten. Diese Bags waren groß genug, um Vicky vor Wind und Wetter zu schützen. Es sah herzzerreißend süß aus, wie sie da lag. Von den Zehen bis zum Hals in dem Bag eingehüllt. Unter ihren Kopf hatte sie ein Handtuch und lediglich ein kleiner Teil ihres Kopfes, schaute noch heraus. Dieses Bild werde ich mein Leben lang nicht vergessen. Wir halfen ihr aus dem Bag und machten uns schnell auf den Weg zum Bus.

Nachdem wir uns umgezogen hatten, gingen wir in die kleine Strandbar und bestellten jeweils eine heiße Schokolade. Das war großartig und gab uns Energie für den Heimweg.

Die heiße Dusche am Campingplatz tat wahnsinnig gut und meine Zehen wurden langsam wieder durchblutet.

Nass und kalt

Im Zelt erwartete uns die böse Überraschung.

Der Regen bahnte sich einen Weg in unsere Wohnzimmer und ein kleiner Bach floss durch das Zelt.

Wir konnten nicht alles raus Räumen, weil es immer noch regnete. Wir schafften zuerst alles auf die eine Seite, trockneten die andere und dann ging das Spiel von vorne los.

Außerdem mussten wir die Haken neu setzen, damit alles gut gespannt blieb und das Wasser nicht so leicht eindringen konnte. Nach einer gefühlten Ewigkeit war das Zelt soweit trocken und gespannt, dass wir an das Essen denken konnten. Gerade nach einer langen Session im kalten Wasser, schrie der Magen unerbittlich nach Nahrung.

Das Mittagessen verlegten wir in das Camping Restaurant.

In den letzten Jahren hatte sich die Karte des Restaurants am Campingplatz nicht sonderlich geändert. Das machte aber nichts. Die Klassiker schmeckten immer. Lediglich eine gravierende Änderung gab es. Eine Freundin von mir schaffte es den Inhaber zu überzeugen, eine vegane Platte anzubieten. Das war gar kein so kleiner Schritt in der Gegend Spaniens.

Das Wetter lud zum Lesen und zu einem Mittagsschläfchen ein. Es war extrem entspannend, bei dem gleichmäßigen Tropfen des Regens im Zelt zu liegen.

Flo und ich kuschelten sich aneinander und wir schliefen ein paar Stunden.

Als wir wieder wach wurden, blitzte die Sonne hinter den Wolken hervor und ich fing an, die Plane vor dem Zelt und unseren Tisch abzuwischen. Es war ein kleines Chaos, aber das ließ sich schnell wieder richten.

Nachdem für den nächsten Tag wieder Sonnenschein angesagt war, nutzte ich die Zeit auch gleich, um meine Wäsche zu waschen. Mit der Hand versteht sich von selber.

Es war immer wieder eine Überraschung, ob der Fleck verschwand, oder nicht. Nur gut, dass das hier nicht schlimm war und jeder mit dem einen oder anderen Fleck herumläuft.

In den Sommermonaten hatte ich zwei Outfits, auf die ich nicht verzichten konnte. Meine Jeans Shorts und ein Shirt, das ich bei einem Jack Johnson Konzert kaufte war das Sonnen-Outfit. Dazu Sandalen oder meine heiß geliebten Toms. Diese Schuhe liebte ich weil man ein Paar kauft und Toms für jedes gekaufte Paar, eines an bedürftige Menschen spendet. Jeans und Tank-Top mit Schal, selbst gehäkeltem Beanie und Pullover war mein Go-To Outfit an kühleren Tagen. Dazu Schuhe die gerade trocken waren.

In Galizien kam es aber schon vor, dass ich wärmere Stiefel trug.

Flo half mir die Wäsche aufzuhängen und wir redeten.

„Mia, was hast du in der näheren Zukunft vor? Möchtest du hierbleiben oder weiterreisen? Hast du schon etwas Heimweh?“ fragte mich Flo.

„Heimweh habe ich nicht, nein. Ich genieße es hier gerade viel zu sehr, als mich nach meinem alten Leben zu sehnen. Ob und wie lange ich hierbleibe, hab ich noch nicht geplant. Ich mache mir dazu eher weniger Gedanken, sondern genieße jeden Augenblick in vollen Zügen. Ich kann nur sagen, dass ich jetzt nichts an der Situation ändern will. Mich zieht es hier nicht weg und ich fühle mich rundum wohl.“

„Was wäre, wenn ich nicht hier wäre, würdest du dann auch bleiben?“

Ich machte eine kurze Pause und legte den Wäschekorb zur Seite.

„Das ist meine Reise und ich entscheide wann ich wo sein möchte. Wie sieht es bei dir und deinen Plänen aus? Mir fiel auf, dass du in den letzten Tagen sehr nachdenklich warst.“

„Weißt du, ich habe, gleich wie du, hart dafür gearbeitet um zu erreichen, was ich bis jetzt in meinem Leben erreichte. Zuerst das Studium, was mir sehr viel Kraft kostete. Ich bin in der Praxis sehr gut. Aber das Studium war für mich super anstrengend. Nachdem ich das geschafft hatte, war es mir natürlich wichtig, einen passenden Job zu finden. Wofür hätte ich denn sonst so hart geschuftet. Am Anfang war ich wie gefangen von dem Job. Ich gab mein Bestes, jeden Tag. Jeden Morgen stand ich mit dem Bewusstsein auf, dass ich Alles gebe. Jeden Tag arbeitete ich hart und war zufrieden mit dem, was mir mein Leben bot.

Nach und nach verlor ich den Bezug zu meinen Freunden. Ich machte nur mehr wenig Sport und an Urlaub war nicht zu denken. Mir könnte ja eine Beförderung durch die Lappen gehen. Ich wollte meinen Arbeitgebern zeigen, dass ich mehr drauf hatte, als ein einfacher Mitarbeiter. Schnell beförderten sie mich. Ich dachte, dass mich nichts und niemand aufhalten konnte.

Kurz vor dem Abendessen mit Vicky und Marco, bei dem von dir erfuhr, kamen mir langsam Zweifel an dem was ich tue. Ich dachte immer wieder darüber nach, wie schön es wäre einfach abzuhauen. Wie toll es wäre, wenn ich meine Sachen packe und abzische. Bei dem Abendessen erzählten mir die Beiden dann von dir und ich war fasziniert. Ich war verwundert, wie es jemand schafft, alles einfach so hinter sich zu lassen. Obwohl ich denke, dass es gar nicht so einfach war für dich.

Mia, ich will nicht mehr in diesen Job zurück. Ich will nicht mein Leben lang an einem Bürotisch sitzen und Programme schreiben. Meine Beziehungen sollen sich nicht auf eine Tastatur und einen Bildschirm beschränken. Verstehe mich nicht falsch, ich mag die Arbeit, die ich mache, aber ich mag die Art und Weise nicht. Ich mag es nicht ständig funktionieren zu müssen. Ich möchte selber entscheiden wann und wie viel ich arbeite. Mein Leben soll sich nicht nach meiner Arbeit richten, sondern meine Arbeit nach meinem Leben."

„Ich verstehe dich sehr gut Flo. Welche Alternativen zu dem Job hast du?"

„Na ja, meinen Job kann ich selbstständig ausführen und ich muss nicht unbedingt vor Ort sein. Ich habe schon einige Kontakte zu Unternehmern, von denen ich eventuell Aufträge an Land ziehen könnte. Da und dort gehört noch einiges geregelt. Ich muss also natürlich nochmals heim. Wenn alles gut läuft, könnte ich nebenbei gleich ein paar Meetings organisieren und mir Aufträge verschaffen."

„Wenn es das ist, was du wirklich willst, dann solltest du alles daran setzen, um das zu schaffen. Welches Umfeld würdest du dafür brauchen? Ich nehme an, dass es in deinem Fall etwas schwierig ist, aus dem Zelt oder im Cafe` zu arbeiten."

„Ein Stromanschluss und eventuell ein Caravan würden sicher nicht schaden. Damit bin ich unabhängig vom Wetter und kann mich jederzeit zurückziehen."

„Das hört sich großartig an, der Aufwand hält sich wie bei mir in Grenzen und du kannst dir ein gutes Einkommen, bei relativ geringem Aufwand schaffen.“

„Ja, es hört sich fast zu einfach an, um wahr zu sein.“ träumte Flo vor sich hin während er mir tief in die Augen blickte.

Glücklich fielen wir uns in die Arme. Ich war froh, dass unsere Beziehung nicht der Hauptauslöser für seine Gedanken war.

Flo war für mich wie von einem anderen Stern und doch so irdisch. Ich hatte nicht mehr damit gerechnet jemanden zu finden, der meine Lust am Reisen, am Entdecken, am Ich sein, teilte. Er war gleich wie ich, gefangen in einer Welt, die er nicht wollte. Anfangs etwas zu feige um es sich einzugestehen und dann vielleicht ein bisschen zu schnell mit dem Auflösen. Wir unterstützten ihn aber wo wir konnten. Gerade ich wusste, was ihn erwartet. Mit seiner lieben, fürsorglichen und doch so lockeren Art verstand er es, alle um den Finger zu wickeln und es noch nicht mal zu merken. Gab es etwas bei dem angepackt gehörte, war er der Erste, der half. Wusste jemand nicht weiter, war er da. Jedoch mit einer so wenig aufdringlichen Art, dass es niemals ungut war. Flo dränge nie zu einer Lösung. Er verpasste einem mehr einen Schubs in die richtige Richtung. Den Rest durfte man danach für sich selbst entscheiden.

Diese Dinge liebe ich so sehr an ihm. Er ist ein wahrer Fels. Ein Fels mit einem so wahnsinnig weichen Kern, dass man aufpassen muss, sich darin nicht zu verlieren.

Ohne mein Wissen kündigte Flo seinen Job noch am selben Tag via Telefon. Er organisierte ein paar Freunde, die ihm halfen, seine Eigentumswohnung zu vermieten.

Vermutlich war auch das der Grund dafür, dass er den restlichen Abend so unglaublich gut gelaunt war wie selten zuvor. Er grinste über das ganze Gesicht.

Beim Abendessen erzählte uns Flo von den Neuigkeiten. Wir waren alle baff, dass es so schnell ging.

Wir wollten ihm helfen, alles glatt über die Bühne zu bringen.

Marco und Vicky boten an, die Einzelheiten in dem Mietvertrag auszuarbeiten den Flo brauchen würde, damit er seine Wohnung weitervermieten konnte. Da Marco in solchen Dingen Erfahrung hat und Vicky ein gutes Gespür für Menschen hat, legte Flo diese Aufgabe in ihre Hände. Nur bei der

Auswahl des Mieters hätte er gerne Mitsprache-
recht.

Es steht fest, dass er für einige Wochen nach Hause fahren muss, um alle Formalitäten zu klären. Auch die Sache mit der Selbstständigkeit musste er regeln.

Wir beschließen uns ins Restaurant zu setzen, um eine schnellere Internetverbindung zu nutzen.

Wir halfen zusammen und fanden alles heraus, was Flo brauchen würde, um seine erste eigene Firma zu gründen.

Es schien gar nicht so viel Papierkram anzufallen, wie wir zuerst dachten.

Der Rest lag nun aber an Flo. Er muss vorab genügend Aufträge an Land ziehen, um eine Weile durchzukommen. Aus der Ferne würde es schwierig werden neue Kunden an Land zu ziehen.

„Wir sind noch gut zwei Wochen gemeinsam hier. Dann müssen wir uns auf den Heimweg machen und Flo, wir denken, du solltest wie geplant mit uns mitkommen. Wir haben dann noch eine Woche Urlaub und können dir mit der Wohnung und deinen Sachen helfen. Falls du schnell einen Mieter findest, dann kannst du in der Zwischenzeit bis alles läuft, bei uns wohnen."

„Das hört sich gut an, danke euch vielmals Leute.“

Als wir mit der Recherche fertig waren, bestellten wir ein paar Drinks und hoben die Gläser auf eine neue Zukunft.

Es wurde ein lustiger Abend voller Hoffnungen und Träumen.

Wenn bei Flo alles so gut laufen würde wie bei mir, dann sehen wir uns schneller als gedacht wieder. Ich konnte es kaum glauben.

Am nächsten Tag stand wieder ein Trip zum Einkaufszentrum an und wir besorgten die Lebensmittel für die nächsten Tage.

Da es bei mir mit den Yoga Kursen zwar gut lief, ich aber trotzdem aufpassen musste, hielt ich mich diesmal etwas zurück.

Regionaler Fisch und Früchte waren aber allemal drinnen, nachdem die Preise für ein Kilo Fisch hier die fünf Euro Marke kaum überschritten.

Somit konnte man schlemmen, ohne dabei allzu arm nach Hause zu gehen.

Bei Importwaren war allerdings Vorsicht geboten.

Diese überstiegen den gewohnten Durchschnittspreis oft bei Weitem und so verzichtete ich diesmal auf Kokosmilch.

Um kleine Leckereien und Wein kümmerten sich Vicky und Marco.

Was für ein Glück.

Der Wasserfall

Auf dem Weg nach Hause kamen wir an einem Surf Spot vorbei, an dem ich in dem Jahr noch nicht war. In den vorigen Jahren liebte ich es da zu surfen. Die kleine Bucht ist wunderschön. Sie bietet eine natürliche Dusche in Form eines Wasserfalles. Unter der Woche kann man direkt bei den Stufen zum Strand parken. Am Wochenende konnte das Parken aufgrund der Strandgäste jedoch zu einem kleinen Problem werden. Es war kein Wochenende und für spanische Verhältnisse noch eher früh. Zu mindestens war es noch Vormittag. Wir hatten uns bis jetzt noch nicht an die spanische Lebensweise angepasst und standen immer noch früh auf.

Als wir an den Feldern mit den Sonnenblumen entlang fuhren, fühlte ich mich wie zu Hause. Ich war aufgeregt und freute mich auf die Bucht. Wir fuhren die Schotterstraße nach unten und da war sie. Mein Herz machte Sprünge und ich hüpfte aus dem Auto. Wie ein kleines Kind rannte ich zu dem Holzgeländer, an dem ich über die ganze Bucht sehen konnte.

Und da waren sie, die beiden perfekten Peaks.

Eine Linke und eine Rechte Welle.

Sie liefen so perfekt wie ein Uhrwerk und es war windgeschützt.

Bis auf das Weißwasser am Strand war das Wasser spiegelglatt.

Die Anderen fanden keine Worte dafür.

Die Bucht war umgeben von bewachsenen Klippen. Am einen Ende der Buch ragte ein großer Felsen aus dem Ozean. Am anderen Ende brachen die Wellen an vielen, schroffen Felsen, die bei Ebbe zu sehen waren. Von dem Parkplatz am Strand aus konnte man statt dem Surfen auch Wandern gehen. Meine Präferenz war klar das Surfen. Aber diese Wucht war ein Naturschauspiel. An Tagen mit heftiger Brandung, konnte man Surfer beim Kampf mit Naturgewalten beobachten. An ruhigen Tagen tummelten sich hier Familien und Kinder.

Wir starrten dieses Schauspiel einige Minuten lang an und freuten uns umso mehr, dass wir eine unserer Kühlboxen mit hatten.

Wir packten den Fisch, Käse und sonstiges schnell in die Kühlbox, holten unsere Anzüge und Boards raus und rannten die Stufen zum Strand hinunter.

Wir nahmen den Peak, mit den Wellen die nach rechts liefen.

Abgesehen von ein paar anderen Touristen, Longboardern, waren wir alleine und teilten uns die Sets. Diesmal bekamen wir alle gute Wellen und waren überglücklich.

Zwischendurch paddelte Flo zu mir rüber.

"Mia, Süße, schau dir das mal an. Was haben wir für ein Glück. Ich kann nicht glauben, dass das hier passiert. Ich bin mir so sicher, dass dieses Leben genau das ist, was ich möchte."

Flo hüpfte vom Brett und zog mich nach ins Wasser. Unsere Anzüge hielten und mühelos an der Oberfläche. Wir sahen uns in die Augen, unsere Füße berührten sich und wir drückten uns fest. Er streichelte mir eine meiner blonden Haarsträhnen aus dem Gesicht und schenkte mir einen Kuss.

Als wir in Richtung Horizont sahen und ein perfektes Set anrollte, konnten wir aber beide nicht anders. Wir sahen uns noch tief in die Augen, zogen die Boards zu uns und brachten uns in Position. Es war episch. Die erste Welle des Sets nahm, wie immer, Flo. Ich brauchte mich für die zweite Welle des Sets in Position. Paddelte, spürte die

Kraft der Welle und stand auf. Die Welle war spiegelglatt. Rasend schnell fuhr ich in das Wellental. Baute Kraft für den Bottom-Turn auf und raste wieder nach oben. Während dieser Welle fühlte ich mich so unglaublich frei. Ich nahm nicht nur die Welle, das Wasser und die Sonne wahr. Selbst die Umgebung, die Klippen und der perfekte Strand waren mir bewusst. Ich kickte aus der Welle, sah mich kurz nach Flo um und paddelte wieder raus.

Nach einer zwei Stunden Session kamen wir komplett ausgepowert aus dem Wasser und setzten uns noch eine kleine Weile in den warmen Sand. Vicky und Marco waren selig. Gleich wie Flo und ich. Marco erlebte ein Hoch, wie es im Buche stand. Er war ansonsten eher ruhig und zurückhaltend. In dem Moment quasselte er aber ohne Punkt und Komma los.

"Leute, die Wellen waren unglaublich. Habt ihr meinen Snap gesehen? Alles passte so perfekt. Ich liebe diesen Ort." Er schwärmte noch eine ganze Zeit weiter. Ich freute mich, dass es so gut lief.

Die Dusche im Wasserfall war kalt, aber kaum zu übertreffen. Dieser Platz ist so wunderschön und ruhig, ich könnte ewig hier stehen.

Nur gut, dass es so warm war und wir uns alle schnell aufwärmten. Am Weg zurück, schaute ich mir die Sonnenblumenfelder an, fühlte mich, als wäre ich in Österreich und entdeckte da und dort noch ein paar Kühe und Pferde.

Ist das Leben nicht wunderbar?

Den Abend genossen wir vor unseren Zelten mit ein paar Leuten aus dem Surfcamp und anderen Surfern.

Es war lustig, aber der stärker werdende Wind ließ uns schlimmes ahnen.

Uns stand eine stürmische Nacht bevor.

Es dauerte nicht lange und die ersten Tropfen fielen uns auf den Kopf.

Schotten dicht und alles unter die Plane stellen, aber schnell.

Die Gruppe trennte sich und wir schlüpften alle in unsere Zelte.

Flo und ich kuschelten uns in das Zelt und wir redeten noch bis spät in die Nacht.

Wir malten uns die Zukunft aus. Träumten von Orten und Städten, die wir sehen wollten. Entdeckten in Gedanken Strände und Buchten.

In den nächsten Tagen sollte sich der Regen nicht so schnell beruhigen.

Drei volle Tage regnete es wie in Strömen, ohne Pause. Ein Sturm fegte durch unser Camp. Der Sturm zog nicht nur einige Zelte in Mitleidenschaft. Selbst größere Äste knickten unter dem starken Wind.

Um ein Haar, wäre einer davon auf unserem Zelt gelandet in dem wir es uns so gemütlich, wie nur irgendwie möglich, gemacht hatten.

Das kleine Rinnsal durch das Zelt entwickelte sich zu einem Bach mit meinem Stausee in der Schlafkammer. Immerhin schliefen wir auf einer Luftmatratze und so blieben wir wenigstens im Schlaf, relativ trocken. Das raus Schöpfen hatten wir zu diesem Zeitpunkt schon aufgegeben.

Am zweiten Tag verwehrte uns aber das Dach des Zeltes den Dienst. Es tropfte unaufhörlich von der Decke. Unsere Koffer, die Polster und Schlafsäcke waren durchnässt.

Da keine Besserung in Sicht war, beschlossen wir kurzerhand die Zelte stehenzulassen und uns in wärmere Gefilde zu begeben. Die nassen Sachen packten wir in den Bus. Wir hofften etwas Sonne zu finden, um alles trocken zu bekommen.

Wir packten unsere Rucksäcke und fuhren ein Stück zurück in Richtung Osten.

In Asturien, nach nur etwas mehr als einer Stunde Autofahrt, erwartete uns strahlender Sonnenschein und eine tolle kleine Stadt mit süßen Cafes an der Strandpromenade.

Vicky, Marco und Flo nutzten die Zeit, um ein paar Souvenirs für ihre Lieben daheim zu kaufen und ich sah mir den Swell an.

Wir hatten zur Sicherheit unsere Boards und Neos mitgenommen.

Man konnte ja nie wissen.

Wie ich das sah, konnten wir es direkt vor dem Cafe` an der Promenade riskieren rein zu gehen.

Ein kleiner Junge tobte sich da mit seinem Shortboard aus.

Er dürfte nicht älter als zwölf sein. Uns stellte er aber locker in den Schatten.

Langsam zogen auch hier ein paar Wolken auf und wir wollten keine Zeit mehr verlieren.

Der Swell war gut, etwas mehr als kopfhoch.

Wir paddelten raus und die Sets kamen regelmäßig rein.

Aus irgendeinem Grund wollte es bei mir an dem Tag aber nicht klappen.

Ich flog meistens bei dem ersten Bottom-Turn aus der Welle, erwischte Close-Outs oder verhaute schon den Take-Off.

Es sollte wohl nicht sein. Meine Stimmung wurde dadurch aber nicht getrübt. Ich genoss es trotzdem in vollen Zügen mit meinen Freunden im Ozean dahinzutreiben.

Die Anderen hatten Spaß und so beschloss ich noch auf eine Welle zu warten. Ich wollte sie nutzen, um zum Strand zu kommen.

Die Session endete auch für mich mit einem versöhnlichen Ende.

Die letzte Welle war gut.

Ich machte ein paar Turns, einen Cutback und surfte sie fast bis zum Strand.

Ich legte mich auf das Board und ließ mich von dem Weißwasser noch zum Strand tragen.

Im Sand sitzend, wartete ich auf die Anderen und beobachtete sie noch eine Weile, bis sie rauskamen.

Als es auch hier zu tröpfeln begann, packten wir unsere Sachen. Wir fuhren zurück und waren erstaunt zu sehen, dass es am Campingplatz aufgehört hatte zu regnen.

Nun war es an der Zeit klar Schiff zu machen.

Ich legte alles zum Trocknen raus, putzte die Plane am Boden ab und schöpfte das Wasser aus dem Zelt. So oder so ähnlich lief es bei allen am Platz ab. Matratzen lagen in der Sonne, Koffer hingen an Bäumen und Schuhe tropften vor sich hin.

Das erinnerte mich daran, dass Flo sagte, dass er vermutlich einen Caravan brauchen würde, um zu arbeiten.

Unser Wohnwagen

Meine Kontakte könnten hier sehr hilfreich sein und so spaziere ich hoch zum Surfcamp.

Auch hier waren viele noch damit beschäftigt aufzuräumen. Da sie auf das Wetter vorbereitet waren und ihre Ausrüstung besser war als unsere, gab es im Grunde nicht viel zu tun. Tische und Sessel wischten sie ab und den Tischtennistisch stellten sie wieder an seinen Platz.

Eventuell würde mir hier jemand weiterhelfen können.

Ich musste mir eingestehen, dass ich nichts gegen ein klein wenig mehr Komfort hatte.

Eine Freundin von mir hatte einen Tipp.

„Geh` runter in das Restaurant, ich sah da eine Anzeige, dass ein Caravan zum Verkauf steht."

Ich schnappte mir Flo und wir marschierten runter.

Tatsächlich, die Anzeige war noch da.

Ein Einheimischer wollte seinen Caravan loswerden.

Viereinhalb Meter lang, mit einer kleinen Dusche, eingerichteter Küche, einem Doppelbett und einem extra Zimmer.

Das würde perfekt passen.

Nun können wir nur mehr hoffen, dass der Preis stimmt und er in gutem Zustand ist.

Der Besitzer des Platzes war so freundlich und kontaktierte den Verkäufer für uns.

Schon eine halbe Stunde später standen wir in der Einfahrt eines Hauses und betrachten das Prachtstück.

Wir mussten zugeben, dass wir in das gute Stück noch etwas Geld und noch mehr Liebe stecken müssten.

Die Armaturen gehörten neu gestrichen, die Polstermöbel neu bezogen und was das Äußere anging, verließ ich mich auf Flo's Urteil.

„Ein Pickerl wird dieses Gefährt mit etwas Arbeit schon bekommen, aber fix und fertig ist wohl übertrieben".

Wir wollten nicht mehr als €2500,- ausgeben, und das erschien uns für dieses Gefährt schon etwas viel.

Der Verkäufer musste schon eine Zeit lang versuchen den Caravan loszubekommen. Immerhin stand schon ein neues Wohnmobil in der Einfahrt.

Arm war der Mann also nicht und ich bereitete mich mit gutem Gewissen auf eine Verhandlung vor.

€ 2000,- sagte er in gebrochenem Englisch.

Ich sah Flo an und es war auch dem Verkäufer sofort klar, dass er mit dem Preis nicht durchkommen würde.

€ 1400,- sagte ich schließlich und blickte dem Mann in die Augen.

Ich wollte sehen, wie verstört er reagieren würde.

Anscheinend traf ich aber irgendwie den richtigen Nerv bei ihm und wir einigten uns auf € 1500,-.

Jetzt nur noch den Kauf abwickeln.

Um die Anmeldung und eine Versicherung kümmerten wir uns noch nicht, da wir ihn in den nächsten Wochen herrichten und straßentauglich machen werden. Den Transport zum Campingplatz übernahm der Vorbesitzer.

Flo und ich trafen eine Vereinbarung.

Er bezahlt den Caravan und ich werde mich, bis er wieder da ist, um die Reparaturen kümmern.

Die wichtigsten Ersatzteile besorgten wir bei einer Werkstatt in der Nähe und ein paar meiner Freunde am Campingplatz hatten etwas Ahnung von Dingen, auf die wir beim Anhänger achten müssen.

Die Ersatzteilliste wurde zwar immer länger, blieb aber überschaubar.

In den nächsten Tag arbeiteten wir alle gemeinsam am Caravan.

Vicky, Marco, Flo und viele Gäste aus dem Camp kamen immer wieder vorbei um kleinere und größere Reparaturen zu erledigen.

Es fühlte sich wie ein großes Familienprojekt an.

Für ein paar Bier und die ein oder andere Flasche Wein, durften wir uns vom Campingplatz die notwendigen Werkzeuge ausleihen. So wurde der Caravan innerhalb von ein paar Tagen, zu mindestens, straßentauglich gemacht.

Um darin schöne Stunden verbringen zu können, fehlte aber noch viel.

Die Rechnung, die Papiere der Gasprüfung und alles Weitere wird Flo mit nach Österreich nehmen, um den Wohnwagen dort anzumelden.

Wir hatten noch eine Woche gemeinsam hier in Galizien. Ich war froh, dass ich so lange Flo weg war, eine Aufgabe hatte, die mir gefiel und die nützlich war.

Ich beschloss in der Zwischenzeit in Galizien zu bleiben damit ich in Ruhe an allem arbeiten kann. Die Yoga-Stunden hatte ich auch noch und die wollte ich nicht missen.

Die liefen, in der Hochsaison im Surfcamp sehr gut.

Ich war nicht nur um die positive Energie bei den Stunden dankbar. Meine Freude, dass ich mich damit absichern konnte und mir keine Gedanken über meine Finanzen machen musste war groß.

Gegen ein kleines Polster hatte ich aber auch nichts. Ich meldete mich bei meiner alten Firma.

In diesem Mail fragte ich nach dem wahren Grund für das Ausbleiben von neuen Aufträgen. Wie es schien, hatte sich mein Blatt gewendet.

Bereits nach einigen Minuten war eine Antwort da.

Es lief tatsächlich einfach so gut, dass sie keine Freelancer benötigten und das Stammpersonal alles erledigen konnte.

Mittlerweile waren aber wieder einige Aufgaben zu erledigen und ich konnte sofort weiterarbeiten.

Ich war froh!

In meinem Antwortmail gab ich Bescheid, dass ich gleich am nächsten Tag mit einem neuen Projekt anfangen kann und mich auf viele weitere Aufgaben freue.

In den Wochen vorher hatte ich gemerkt, dass ich mich ganz ohne Kopfarbeit nicht wohlfühle.

Ich brauchte, auch in meinem ausgedehnten Urlaub, etwas zu tun.

Die erste Zeit genoss ich das süße Nichtstun sehr und das Arbeiten war mir eher eine Last. Nach den ersten zwei Wochen freute ich mich allerdings schon auf die Aufgaben. Als es keine Arbeit gab, kam es mir schon fast so vor, als würde ich ein Bisschen verkalken.

Ich war also wahnsinnig froh, dass es wieder etwas zu tun, gab für mich.

Die Yoga-Stunden wollte ich trotzdem beibehalten.

Damit schuf ich mir einen Fixpunkt und eine gewisse Regelmäßigkeit.

Auch etwas, dass mir nach einer Weile fehlte.

Dreimal pro Woche gab ich mittlerweile, meine Stunden. Jede hatte frische Energie und war ein klein wenig anders.

Ich wollte, dass jeder Gast genau die Stunde bekommt, die für ihn oder sie wichtig war.

Die einen brauchten dringend etwas Entspannung.

In dem Fall baute ich viele Atemübungen und Meditationen ein. Diese konnten sie auch mit nach Hause nehmen und in ihren Alltag einbringen.

Für Andere war es wiederum wichtig an ihrer Fitness zu arbeiten.

Intensive Flow Yoga Stunden bereicherten ihren Aufenthalt und ich bekam das ein oder andere Foto von ihren Übungen, die sie nach dem Urlaub zu Hause machten.

Es freute mich jeden Mal auf das Neue, wenn ich jemanden ein kleines Stück Urlaub mit nach Hause geben konnte.

Die nächsten Tage vergingen wie im Flug.

Wir surften viel und machten noch ein paar Trips zum Einkaufen und Bummeln nach Ferrol.

Dort gab es nicht viel zu sehen. Aber wir sahen uns den Hafen an, füllten die Wachsvorräte auf und stöberten in den kleinen Shops.

Vicky und Marco deckten sich im Surfshop mit neuer Kleidung ein, da ihr Urlaubsbudget großzügiger berechnet war.

Ich wollte auch noch unbedingt in dem kleinen Wollgeschäft vorbeischauen, um ein paar Knäuel für neue Mützen zu kaufen. Häkeln war eine Beschäftigung, der ich gerne nachging, um runterzukommen. Das Geschäft war klein, die Inhaberin sicher schon um die siebzig Jahre alt. Ich fand hier aber immer ausgefallene Farben und die Qualität war toll. Ich entschied mich für knallige Farben aus Merino Wolle. Mützen aus dieser Wolle sorgten für ein angenehmes Klima um die Ohren und waren dabei noch so weich wie ein Kuschelbär. Ich nahm Wolle für fünf Hauben mit.

Unter den Gästen und meinen Freunden fanden sich immer wieder Abnehmer. Als Austausch gab es für mich Dinge aus der Heimat, die es hier nicht zu kaufen gab. Manchmal auch eine Massage oder ein gutes Essen. Hier funktionierte überhaupt sehr vieles, über Tauschgeschäfte. Das war eine willkommene Abwechslung.

Voll bepackt fuhren wir zurück zum Campingplatz und ich machte mich mit Euphorie daran, die erste Haube zu häkeln. Flo hatte sich auch Wolle ausgesucht und bat mich darum, ihm eine Erinnerungsmütze zu häkeln.

Mit viel Liebe häkelte ich Masche für Masche. Ich passte sie seinem Kopf perfekt an und achtete darauf, dass sie genau seinen Wünschen entsprach. Keine zwei Stunden später bedeckte sie schon seinen Kopf und reichte genau bis über seine Ohren. Wir waren glücklich und ich freute mich, dass er etwas von mir, mit nach Hause nehmen konnte.

Zum Glück regnete es an den Tagen vor ihrer Abreise nicht. Sie konnten sie alles zügig und trocken in den Bus einladen.

Vicky ließ mir noch ein paar Ihrer Bücher da und Flo verstaute seine Surfboards gleich neben meinen.

Sie wollten in einem Zug durchfahren und zwischendurch keine Stopps zum Surfen mehr einlegen. Da Flo plante, in ein paar Wochen wieder hier zu sein, war es nur praktisch, die Boards gleich hierzulassen.

Auch ein paar Campingutensilien fanden noch Platz bei mir und beschlossen den letzten gemeinsamen Abend, im Restaurant zu verbringen.

Unser köstliches Duo, die Fischplatte und die vegetarische Platte, leisteten auch heute wieder gute Dienste. Es war ein langer und lustiger Abend.

Am Zeltplatz angekommen, wollte keiner so richtig schlafen gehen. Als wir mitbekamen, dass bei den Nachbarn eine kleine Party stieg, waren wir Feuer und Flamme.

Wir unterhielten uns prächtig und das Bier tröstete ein klein wenig über den näher rückenden Abschied hinweg.

Wie würde es wohl werden, wenn ich plötzlich wieder ganz allein auf Wellensuche gehe, allein in den Supermarkt fahre und mich nach dem Essen, allein in das Zelt lege?

Ich hatte mich so sehr an die Anwesenheit der drei und vor allem an Flo gewöhnt, dass ich es mir in dem Moment nicht vorstellen konnte.

Abschied

Am nächsten Morgen war die Stimmung getrübt. Der Bus stand abfahrbereit da und nach einem kurzen Frühstück, fielen wir uns alle noch mal um den Hals.

Vicky und Marco warteten schon im Bus als ich mich schweren Herzens von Flo verabschiedete.

Kommt er wieder zurück? Verliert er sich zu Hause doch wieder im Alltagstrott? Informiert er mich per Mail, dass ich ihm bitte seine Boards retour schicken soll?

Ich hatte Angst. Zum ersten Mal seit meiner Abfahrt. Ich war nicht mehr allein und wollte es in dem Moment auch nicht sein.

Flo sah mir in die Augen, er wusste genau was ich dachte.

„Ich komme wieder Mia. Ich komme so schnell ich kann zurück."

In seinem witzigen Tonfall fügte er noch hinzu, dass er doch hofft, dass der Caravan bis dahin fertig sein würde.

Das zauberte mir ein Lächeln ins Gesicht und ich ließ ihn los.

Lange Abschiede konnte ich nicht leiden. Es brach mir in dem Moment das Herz ihn gehenzulassen.

Ich war froh, dass Vicky mich so gut kannte. Sie stellte sicher, dass ihre Abfahrt ohne viel Tamtam über die Bühne ging.

Ich konnte Flo mit seiner neuen Mütze auf der Rückbank sehen. Er drehte sich um und sah mich einfach an. Sein Ausdruck strahlte Sicherheit aus. Ich konnte spüren, dass er es ernst meinte.

Sie fuhren auf dem kleinen, von Blumen umgebenen Weg nach unten und ich winkte zum Abschied.

Ach wie kitschig, dachte ich mir.

Nach ein paar Sekunden waren sie verschwunden und ich war allein.

Sommerfreunde

Aber nicht lange.

Es war kurz nach acht Uhr. So wie jeden Morgen erwachten um diese Uhrzeit die ersten Menschen am Campingplatz.

Ich hatte bis jetzt nicht viel Zeit mit meinen Sommerfreunden verbracht und nun war es an der Zeit, das nachzuholen.

Keine fünf Minuten nach der Abreise von Vicky, Marco und Flo, stand ich am Eck und checkte die Wellen mit Tim und Laila.

Sie arbeiteten beide im Surfcamp und hatten den Vormittag frei.

Das Wetter und der Swell sahen gut aus. Wir zogen unsere Anzüge an, wachsten unsere Boards und gingen zum Strand, um eine ausgedehnte Morning Session zu surfen.

Die Vibes im Wasser waren gut und ich war trotz des Abschieds, überglücklich.

Mein kurzer Anfall von Traurigkeit verflog schnell. Ich freute mich auf mehr Zeit mit meinen Freunden aus dem Camp. Die Wellen waren großartig. Ich surfte eine Welle nach der Anderen und hatte Spaß.

Wir übersahen die Zeit und kamen erst um kurz vor Zwölf wieder aus dem Wasser.

Laila musste zu Mittag losfahren, um Gäste vom Flughafen abzuholen und Tim sollte eine private Surfstunde geben.

Wir paddeln so schnell wir konnten rein und liefen zurück zum Camp.

Es ging sich alles gut aus. Ich setzte mich erst mal vor das Zelt und ließ meine Wellen noch mal vor meinem inneren Auge ablaufen. In solchen Momenten war mir bewusst, wie gut ich es hatte. Ich konnte entscheiden, mich nach dem Surfen einfach hinzusetzen. Ich hatte keinen Zeitdruck. Durfte genießen. Die Gefühle spüren die nach den Sessions in mir hochkamen. Dafür war ich mehr als dankbar.

Mein Magen knurrte etwas hilflos und ich ging schnell duschen, bevor ich mir einen Salat mit Schafskäse richtete.

Super erfrischend und lecker.

Aus Versehen machte ich mir ein klein wenig zu viel, da ich es nicht mehr gewohnt war nur für mich zu kochen. Den Rest brachte ich rüber zu meinen Nachbarn.

Auch wir kannten uns schon lange und trafen uns jeden Sommer hier.

Ich mochte sie so gern. Lustig und immer gut gelaunt verbrachten sie ihre Sommer hier.

Eine große Familie, die gemeinsam ihren Urlaub verbringt.

Wir tratschten und verabredeten uns für den Abend, um mit einer guten Flasche Wein, den Sonnenuntergang am Strand anzusehen.

"Ich bin hier gut aufgehoben", dachte ich mir und ging lächelnd zu meinem Zelt zurück.

Es war gerade mal zwei Uhr am Nachmittag. Ich hatte die Yoga-Stunde für den Abend vorbereitet und noch viel Zeit.

Ich machte mich auf den Weg in das Restaurant, um auf der Terrasse zu arbeiten.

Drei Stunden verbrachte ich mit designen und war mit meiner Arbeit sehr zufrieden.

Ich hatte die Grafiken auf den Punkt gebracht.

Schnell schickte ich das File noch ab, bezahlte die Rechnung und ging nach oben.

Bei meinen Vorbereitungen für den Kurs kam eine der Teilnehmerinnen auf mich zu.

„Wie machst du das“, fragte sie mich.

Etwas verblüfft schaute ich sie an.

„Wie mache ich was?“, fragte ich zurück.

„Wie schaffst du es dieses Leben zu führen“?

In dem Moment war ich komplett perplex.

Mein Leben ist gerade so einfach, wie es nur sein konnte. Ich hatte noch nie ein leichteres und unbeschwerteres Leben als jetzt.

Ich konnte mir aber denken, auf was sie hinaus wollte und ich fragte sie, ob sie glücklich sei.

Ihr Gesicht verfinsterte sich und sie sprach sich ihren Kummer von der Seele während wir auf einer der Matten Platz nahmen.

„Ich kann meinen Job schon lange nicht mehr leiden. Er frisst mich auf. Ich habe meine Kinder zu Hause und wünschte, sie wären schon mindestens fünf Jahre älter. Mir wird alles zu viel und ich komme aus dem Teufelskreis nicht raus. Ich muss arbeiten, damit wir gut leben können. Ich kann aber nicht gut leben, weil ich so viel arbeiten muss und daran keinen Spaß mehr habe. Es ist wie ein Hamsterrad, aus dem ich nicht mehr rauskomme.“

Etwas verzweifelt starrte sie mir ins Gesicht, nur um dann gleich wieder ihren Blick zu senken. Ich merkte, wie sehr sie sich für das, was sie gerade sagte, schämte.

„Ich bin sicher nicht allwissend auf diesem Gebiet. Ich traf eine Entscheidung, die mich sehr viel Kraft und Überwindung kostete. Jahrelang malte ich mir aus, wie es wohl sein würde, wenn ich einfach gehe. Lange Zeit verdrängte ich den Gedanken daran. Er kam immer wieder und es brauchte sehr viel Mut, diese Entscheidung zu treffen. Du hast Kinder und kannst es dir nicht leisten einfach alles liegen und stehenzulassen. Du kannst nicht einfach gehen und das weißt du. Ich denke, dass es das ist, was dir den Mut nimmt und dich verzweifeln lässt.

Aber lasse dich davon nicht in die Irre führen. Du kannst vielleicht nicht dein Leben zu Hause aufgeben und gehen. Du kannst deinen Job nicht von heute auf morgen kündigen. Aber du kannst dein Leben rundum dich so gestalten, dass es lebenswert, lustig und glücklich ist.

Denke nicht nur über einen Jobwechsel nach, male dir ein realistisches Leben mit deiner Familie aus. Denke jeden Tag daran wie es sich anfühlen wird. Schreibe auf wie du dich gerne fühlen möchtest. Lebe in deinen Gedanken dieses neue Leben und spüre, wie es sich anfühlt. Sauge die Energie dieses Lebens in dich auf und du wirst sehen, dass sich schon bald etwas verändert.

Ich will dir damit keinen Hokuspokus auf die Nase binden. Ich will dir damit sagen, dass du deine Gedanken auf das richten sollst, was dir wichtig ist. Ist es mehr Zeit für dich und deine Hobbys, dann richte deine Gedanken darauf. Ist es ein Job, der dich anders fordert als dein Jetziger, dann verschwende keinen Augenblick deiner Zeit mehr darauf dich über den alten Job zu beschweren. Fokussiere deine Gedanken auf deine Aufgaben im neuen Job.

Sind es die Kinder, die dir deine Energie rauben, dann gestehe dir ein, dass auch du eine Pause verdienst und andere Menschen, dann und wann auf die Kinder aufpassen können.

Gestalte dir einen Rahmen in deinem Leben, in dem du dich wohlfühlst, denn du bist wichtig. Vielleicht möchtest du heute während der Meditation damit beginnen. Schon heute in der Stunde kannst du dich zum ersten Mal deinen Gedanken über dein neues Leben hingeben und versuche gleich zu spüren, wie sich dieses Leben anfühlt. Denke nicht nur daran, lebe dieses Leben!"

Wir blieben noch ein Zeit lang sitzen bis die anderen Teilnehmer kamen. Ich sah ihr an, dass es in ihrem Kopf, zwar noch ganz weit weg aber doch schon, klick machte. Sie hatte ein Strahlen im Gesicht, dass ich bei ihr noch nie sah.

Ich wusste nicht, ob ich die richtigen Worte fand, aber es könnte ein Anfang von etwas Großem sein.

Ich begrüßte meine Gruppe, wir sammelten uns und starteten mit einer wundervollen Stunde.

Am Ende kam sie noch einmal zu mir und bedankte sich.

Sie reiste am nächsten Tag ab und ich war gespannt, ob ich noch von ihr hören würde.

Ich machte mich nach meiner Stunde frisch und ging gemeinsam mit meinen Zeltnachbarn runter an den Strand, um den Sonnenuntergang, der jedes Mal ein prächtiges Farbenspiel bot, anzusehen.

Als ich so dasaß, dachte ich über meine Entscheidung nach.

Wo wäre ich wohl gerade, wenn ich diese Schritte nicht gegangen wäre?

Welchen Sonnenuntergang würde ich gerade ansehen?

Mit welchen Menschen wäre ich zusammen?

Würde es mir so gut gehen?

Während ich tief in meinen Gedanken versunken dasaß, spürte ich eine Hand auf meinen Rücken. Lisbeth, meine Zeltnachbarin sah mich an und sagte nur:

"Ich bin so wahnsinnig froh, dass du da bist und deinen Weg gehst. Ich wusste schon immer, dass du die Kraft dazu hast und wir alle, auf die eine oder andere Weise, davon profitieren würden."

Ich war zu Tränen gerührt. Konnte aber kaum in Worte fassen warum.

Mit einem sanften Gesichtsausdruck sah ich sie an und bedankte mich still.

Am Ende des Naturspektakels wurde es schnell kühl und wir gingen hoch zum Campingplatz.

An diesem Abend ging ich nicht mehr mit rüber zu ihnen.

Ich legte mich mit einem Buch über Steinzeiternährung in mein Zelt und las bis meine Augen schwer wie Blei wurden.

Ein tolles Buch, das mich dazu inspirierte, noch gesünder einzukaufen und genau darauf zu achten, was mir guttut und was nicht. Dieses Buch verstand ich nicht nur in Bezug auf Essen, sondern auch auf Bewegung und Ruhezeiten, als meinen kleinen Leitfaden.

Ich lebte schon bevor ich es las nach dem "so natürlich wie möglich" Prinzip, mit einer kleinen 80/20 Regel, die ich für mich einbaute. 80 Prozent unverarbeitet, 20 Prozent normale, westliche Lebensweise.

Zu gewissen Zeiten hielt ich mich aber zu fast 100 Prozent an die sehr natürliche Lebensweise und das waren auch die Zeiten, an denen ich so energiegeladen wie nie war.

Leider ließ es sich nicht immer leicht umsetzen, da an jeder Ecke Getreideprodukte, Zucker und sonstiger Kram warten, den man seinem Körper lieber nicht zumutet.

Meine 20 Prozent hatte ich genau definiert. Ein Glas Wein am Abend und Kekse mit Nougatcreme nach dem Surfen.

Warum ich genau diese Gelüste hatte, kann ich nicht sagen. Da mir alle drei Dinge gleichzeitig ausgingen, wollte ich versuchen, wieder strenger zu sein und hauptsächlich unverarbeitete Lebensmittel zu essen.

Zu 90 Prozent aus dem Grund, weil ich mit dem vielen Surfen, Reis und Nudeln nicht von meiner Essensliste streichen wollte. Außerdem wollte ich an einem geselligen Abend nicht, nein, zu einem kleinen Glas Wein sagen.

In der Früh ging es also los. Ein kurzer Spaziergang zum Eck, um die Wellen zu checken und ein Stück Obst vor dem Surfen. Die Wellen waren an dem Tag hervorragend und ich verzichtete auf ein ausgedehntes Frühstück.

Ich war allein draußen und fand neben dem Surfen noch Zeit den Ozean mit all seiner Kraft zu spüren. In den ruhigen Minuten während der Set-Pausen ließ ich meine Hände über das Wasser gleiten. Ich tauchte kurz unter oder ließ die Klippen, die mich umgaben auf mich wirken.

Nach ein paar Wellen hatte ich genug, ging aus dem Wasser und beschloss noch einen kleinen Spaziergang am Strand zu machen.

Mein Board steckte ich mit der Nose, dem Vorderteil des Surfboards, in den Sand und ging langsam los. Das andere Ende der Bucht würde ich heute mit meinem knurrenden Magen nicht erreichen, aber ein Stück weit wollte ich noch gehen.

Zehn Minuten hin und zehn zurück, das genügte mir und nun war ich angenehm ausgepowert.

Ich duschte mich kurz ab und machte mich gleich daran, ein ordentliches Frühstück vorzubereiten.

Ich mischte Eier mit geriebenen Mandeln und übergoss damit, die schon goldbraun angebratenen Bananen. Ein warmes, leckeres und sättigendes Essen damit der Tag nur mehr gut werden konnte. Als kleines Goodie träufelte ich Löwenzahn Honig darüber.

Dieser spezielle Honig erinnerte mich an zu Hause. Eine langjährige, wunderbare Freundin stellte ihn selbst her und verriet mir das Rezept. Diese Delikatesse schmeckte einfach himmlisch und schenkte Energie.

Mit einem gefüllten Bauch stieg ich zum ersten Mal seit Tagen wieder in den Wohnwagen.

Ich hatte es nicht ganz so schlimm in Erinnerung.

Ich setzte mich mit einem Blatt Papier auf die Sitzbank und schrieb einige Dinge auf, die für mich Priorität hatten.

Armaturen abschleifen und neu streichen, Bezüge wechseln, ein neuer Boden, Kästchen austauschen und so weiter.

Der Punkt „putzen“ verstand sich von selber und ich hatte
keine große Lust, mir diesen Punkt extra vor Augen zu führen.

Oben im Dorf gab es einen kleinen Werkzeugmarkt und ich fuhr mit meiner Liste hoch.

Ich kaufte neues Papier für die Schleifmaschine, die ich dabei hatte, falls mein Brett was abbekommt, Pinsel und Lack, eine Tacker Maschine und unendlich viele Klammern.

Das sollte vorerst ausreichen.

In einem sehr kleinen Bekleidungsgeschäft, das gleichzeitig eine Schneiderei war, fragte ich, ob sie einen geeigneten Bezug für die Sitzbänke hätten.

Fehlanzeige. Hier gab es nur Jersey Nachthemden, Schürzen und Socken im Oma Stil.

Ich sträubte mich etwas dagegen, aber entschloss mich, zu dem China Shop zu fahren. Nicht ganz ökologisch vertretbar aber vielleicht finde ich ja was, dachte ich.

Als ich hineinging, kamen mir tausende Gerüche entgegen. Vor allem roch es nach Gummi und was war das noch, Chlor?

Ich schlenderte durch die Gänge, vorbei an Faschingsmasken, Stiften, Büchern, Bambusrohren und da war er. Der Gang mit sicherlich über tausend verschiedenen Stoffen.

Ich war erst mal sprachlos und konnte keinen klaren Gedanken fassen.

Das kann doch gar nicht möglich sein. Es hatte den Anschein, als wäre der China Shop eine nahezu endlose Ansammlung an allen Produkten, die es gibt.

Ich entschied mich für einen festen, hellblauen und braunen Samt Bezug und ließ mir jeweils ein paar Meter davon runterschneiden.

Den Stoff würde ich waschen und ordentlich auslüften müssen. Im Auto roch es noch Stunden nachdem ich alles transportiert hatte nach Plastik und Chemie.

Am Zeltplatz angekommen läutete mein Telefon.

Warte, mein Telefon läutet, fragte ich mich. Dass kam äußerst selten vor und aus dem Grund reagierte ich nicht sofort.

Es war Flo.

„Mia, wir sind gut daheim angekommen und die Fahrt verlief reibungslos."

„Was, jetzt schon. Wow, ihr wart schnell. Ich hatte nicht vor heute Nacht mit einer Nachricht von dir gerechnet. Ich freu mich voll, dass ihr gut wieder zu Hause seit."

Danach eine Pause.

Sofort ratterte es in meinem Kopf. Was ist los? Warum sagt er nichts? Will er mir vielleicht etwas sagen und weiß nicht wie?

„Mia, ich habe während der Rückreise bereits für morgen einen Termin in der Firma ausgemacht, um alles Weitere zu klären. Ich will nur, dass du weißt, dass es mir ernst ist. Ich vermiss`dich so sehr, dass es weh tut. Ich weiß wie sehr du deine Freiheit liebst, aber ich liebe dich mehr. Mia, ich liebe und vermisse dich. Ich gebe dir was du brauchst und nehme nicht mehr als nötig. Das verspreche ich. Du bist einfach so unglaublich. Ich habe keine Worte dafür. Du bist Mia und ich will nie mehr ohne dich sein."

Ich war überglücklich und sprachlos. Wie konnte ein Mann mich mit solche einer Liebeserklärung überschütten? Wie konnte es doch einen

Mann auf der Welt geben, der mich nimmt wie ich bin? Freiheitsliebend, spontan, verrückt, wild und doch so verletzlich. Damit musste erst mal jemand klarkommen. Wenn es einer konnte, dann Flo.

"Flo, was soll ich sagen. Du berührst meine Seele. Mit allem, was du tust, berührst du mich ganz tief. Mein Herz schmerzt, weil es nicht bei dir sein kann und doch ist es so voller Freude und Leichtigkeit. Du erlaubst es mir Gefühle zu spüren, die ich tief in mir vergrub. Mit dir steht die Zeit nicht still, mit dir ist Zeit ein Konzept, das nicht existiert. Flo, ich liebe dich."

In mir stiegen Tränen auf. Tiefe Gefühle, die mich zu überwältigen drohten. Es tat so gut, endlich wieder zu fühlen.

Wir tratschten noch eine Weile und legten mit einem guten Gefühl auf.

Dieses Telefonat änderte nochmals vieles. Es vermittelte Sicherheit. Es brachte Klarheit und ein Feuerwerk an Gefühlen. Ich liebte es.

Ich wusste nicht genau wann er zurückkommen würde, aber ich wusste, dass ich alles daransetzen würde, den Caravan auf Vordermann zu bringen.

Mein erster Schritt war es, die alten Polstermöbel herauszureißen. Ich nummerierte sie, damit ich nicht vergaß, wie ich sie wieder anordnen muss. Das dauerte länger als ich dachte und so deponierte ich sie erst mal im Auto. Mit dem Zuschneiden des Stoffes musste ich warten, da meine Yoga Stunde schon kurz bevorstand.

Am Abend setzte ich mich hoch in das Surfcamp und wir schauten ein paar Surf-Videos. Das war genau das Leben, das ich mir vorgestellt hatte. Eine gesunde Mischung aus Ruhe, Sport, Freunden, Bekannten und Verpflichtungen, die einem in dem Ausmaß aber nicht viel anhaben konnten.

Ist das Leben nicht wunderbar!

Am nächsten Morgen verzichtete ich auf den Eck-Check.

Ich wollte mich dem Wohnwagen widmen und war von der Session gestern noch müde. Mein Körper verlangte nach einer Pause.

Meine Muskeln fühlten sich leer und meine Gelenke schmerzten ein wenig.

Das tat meiner Stimmung aber keinen Abbruch.

Munter, riss ich die Bezüge von den Teilen, die ich tags zuvor abmontierte und legte die Stoffreste fein säuberlich auf einen Stapel.

Ich hatte noch nie zuvor etwas neu bezogen und hatte etwas Bammel, dass ich mir doch zu viel zutraute.

Lisbeth kam vorbei und erwies sich als meine Rettung.

„Du willst das neu beziehen“ ,fragte sie.

„Ja!“ ,erwiderte ich.

„Hast du das schon mal gemacht" ,fragte sie skeptisch.

„Nein“!

„Oje, das kann etwas schwierig werden. Ich habe Erfahrung damit und würde dir gern helfen.“

„Großartig!“

Ich zeigte ihr meine Stoffe und alle Teile, die es zu beziehen galt.

Sie kannte sich wirklich gut aus und erklärte mit zuerst, wie der neue Stoff zugeschnitten werden muss.

Wir saßen auf meiner Picknickdecke und schnitten darauf los.

Ich war schon ganz zufrieden mit dem Ergebnis.

Lisbeth schnitt allerdings da und dort jeweils noch ein paar Stücke weg oder besserte Fehler von mir aus.

Im zurechtschneiden war ich schon in der Schule nicht gut, entschuldigte ich mich.

Sie musste lachen.

„Das Wichtigste ist es, den Stoff zu spannen damit das Ergebnis schön wird." erklärte sie mir.

Anschließend legten wir den Stoff straff über die Polster und tackerten was das Zeug hielt. Das Ergebnis gefiel mir echt gut. Ich war unendlich dankbar, dass mir Lisbeth ihre Zeit schenkte.

Wir hatten nicht auf die Uhr geschaut. Als wir fertig waren, traf uns die Müdigkeit beide auf einen Schlag und wir beschlossen uns einfach auf die Decke fallen zu lassen und uns nicht mehr zu bewegen.

Nach ein paar Minuten Ruhe ging es wieder und ich trug die neu tapezierten Teile in das Auto.

Ich lud sie und ihre Familie am Abend zum Essen ein.

Kochen würde ich allerdings bei ihnen, weil bei mir niemals genügend Platz für alle gewesen wäre.

Schnell machte ich mich noch auf den Weg in den Supermarkt und kam wenig später, voll bepackt zurück.

Ich lud alles gleich bei ihrem Zeltplatz ab und machte mich daran, ein leckeres Essen vorzubereiten.

Ich wusch und schnitt kiloweise Gemüse, schälte Tomaten und kühlte den frischen Fisch und die Meeresfrüchte vorsichtshalber ein.

Es sollte ein portugiesischer Fischeintopf werden.

Die Zwiebel brutzelte schon im heißen Kokosöl, als die ganze Familie gleichzeitig vom Surfen mit der Surfschule hochkommt.

Ich war gerade dabei das Gemüse anzuschwitzen, während alle Teilnehmer des Surfkurses, inklusive Surflehrer rüber kamen.

„Ja, es ist genug für alle da“, rief ich mehr oder minder laut in die Menge.

Eventuell sollte ich dann aber doch noch ein paar Wecken Weißbrot vom Mini Markt unten holen, man weiß ja nie.

Für mich war Brot zwar tabu, aber eine hungrige Meute wollte ich bestens versorgt wissen und es sollte für alle reichen.

Während das Gemüse in der Paprika-Tomaten Soße vor sich hin kochte, lief ich schnell runter und besorgte noch einige Wecken Weißbrot zum Dippen.

Bei den Salaten halfen Lisbeths Jungs.

Einmal Thunfisch Salat mit Avocado und Tomate, ein grüner Salat mit einem steirischen Kernöl Dressing was sie alle verzauberte und ein Gurkensalat mit Rahm Dressing damit für jeden Geschmack das Richtige dabei war.

Da es am Campingplatz an backen nicht zu denken war, entschied ich mich für ein Apfelmus-Joghurt Dessert mit ein klein wenig Kokosblütenzucker und Zimt. Ein Gedicht.

Kurz bevor alle eintrudelten, fügte ich noch den geschnittenen Fisch und die Meeresfrüchte hinzu und ließ alles noch eine Weile kochen.

Die Jungs kümmerten sich in der Zwischenzeit um zusätzliche Stühle und Tische, weil der Zeltplatz, obwohl es der größte weit und breit war, aus allen Nähten platzte.

Es war angerichtet. Nach drei Stunden kochen war es endlich so weit und wir konnten alle gemeinsam, ein wundervolles Abendessen genießen.

Ich bedankte mich noch mal herzlich bei Lisbeth für ihre Hilfe.

Das Essen musste schmecken, denn ich hatte schon nach einer halben Stunde mehrere Angebote von Leuten, die mir mit dem Wohnwagen helfen wollten.

Der Eine wollte mir beim Entfernen des Bodens helfen. Ein Anderer bot mir Hilfe beim Schleifen an und vor allem die Mädels in der Runde, waren bereit mir beim Putzen zur Hand zu gehen.

Ich war erleichtert, dass alles so gut lief und ihnen mein Eintopf schmeckte.

Im Laufe des Abends wurde die Stimmung immer ausgelassener und die Musik aus der Boombox immer lauter.

Wir hatten schon Mühe den Nachtwächter immer wieder loszuwerden.

Im Endeffekt machte es aber nicht viel aus. Spanier erwachen selber auch in der Regel erst nach 22:00 Uhr so richtig zum Leben. Da sicher der halbe Campingplatz bei uns heroben versammelt war, blieben auch nicht mehr viele Gäste über, die sich hätten beschweren können. Es war ein lustiger und gelungener Abend und ich freute mich, meine Zeit mit so tollen Menschen verbringen zu dürfen.

Das Aufräumen und Abwaschen erledigten wir am nächsten Vormittag gemeinsam.

Zu fünft schleppten wir das Geschirr runter in den Waschraum, die Tische und Stühle brachten dahin, von wo sie gekommen waren.

An Surfen war wegen der Flut gerade nicht zu denken und so machten wir klar Schiff.

Vor der Ebbe wollte ich noch zusehen, dass ich im Wohnwagen etwas vorankam.

Ich schnappte mir Mike, einen Praktikanten des Surfcamps. Er hatte am Vorabend seine Hilfe angeboten und wir machten uns daran, den vermoderten Boden zu entfernen.

Gut, dass wir beide unsere Staubmasken, die wir sonst nur zum Boards reparieren brauchen, dabei hatten. Unzählige kleine Partikel flogen durch die Luft und trübten den Blick im Wohnwagen. Wir arbeiteten so schnell es ging und als endlich das letzte Stück Boden raus war, fielen wir uns glücklich um den Hals.

Ich warf alles weg und machte mich dann so schnell es ging, so wie ich war, mit Boardshorts und Bikini Oberteil, auf den Weg zur Dusche. Eine offene Dusche am Campingplatz die wir sonst nutzten, um unsere mit Sand bedeckten Neos abzuspülen. Ich war den Dreck vom Campen gewohnt. Das Gemisch aus Staub, getrocknetem Klebstoff und altem Plastik konnte ich keine Sekunde länger auf meiner Haut ertragen.

Für heute reichte es mir im Caravan und ich schloss die Tür des Campers.

Langsam war es Zeit für einen Eck-Check.

Es sah gut aus. Das Wasser lief langsam ab und der Swell sah absolut surfbar aus. Die Wellen sahen steil und kraftvoll aus. Perfekt für mein Vorhaben.

Ich wollte endlich einen vernünftigen Snap hinkriegen.

Dazu fährt man in einem steilen Winkel die Welle hoch und dreht das Brett oben explosionsartig, um die Welle wieder nach unten zu schießen. Im besten Fall, spritzt bei diesem Manöver Literweise Wasser hinter der Welle hoch.

Den Gedanken, dieses Manöver zu probieren, hatte ich schon länger in meinem Hinterkopf und ich sah mir in den letzten Tagen unzählige Tutorials und Videos zu dem Thema an.

Mein Kopf war soweit bereit.

Immer wieder stellte ich mir steile Sections, den Teil einer Welle, der sich nahezu senkrecht aufstellt vor, und bretterte mit einer wahnsinnigen Geschwindigkeit die Welle hoch. Kurz bevor ich oben ankomme, schaue ich nach unten und drehe meinen Körper rasant nach. Meine Nose, der Vorderteil meines Boards, schaut wieder nach unten und mein Schwerpunkt ist perfekt zentriert über dem Board. Der Druck wechselt von meinem hinteren Bein auf das vordere Bein und ich drückt nach unten. Ich rase die Welle hinunter, höre wie das von meinem Tail hoch geschleuderte Wasser hinter der Welle, wie ein heftiger Regen runterprasselt. Im Wellental mache ich einen geschmeidigen Bottom Turn, um für das nächste Manöver anzusetzen.

Soviel zu der Theorie.

In der Praxis sah es aber leider gar nicht bei meinen Idolen Sally Fitzgibbons oder Carissa Moore, mehrfache Weltmeisterin, aus.

Immer hatte ich entweder zu wenig Geschwindigkeit, blieb mit dem Rail, der Seitenkante des Boards, oder meinen Finnen hängen.

Falls das nicht passierte, verhaute ich das hinunterfahren, weil ich zu viel Druck am vorderen Fuß hatte und die Nose versenkte. Wenn ich es mit weniger Druck versuchte, fuhr die Welle meist ohne mich weiter und ich plumpste dahinter in das Wasser.

Ich wollte nicht aufgeben. Das war nicht meine Art.

Ich übte den Snap in beide Richtungen, auf links und rechts brechenden Wellen, weil das ein weiteres Ziel von mir war. Ich wollte mich auf Linken, genauso wohlfühlen, wie auf Rechten.

Bisher freute ich mich immer wie ein kleines Kind wenn es Rechte gab. Die Zeiten sind aber, nachdem ich jetzt so oft zum Surfen komme, vorbei.

Ich möchte jede Welle surfen können.

Als ich mich fertig machte, den Anzug anzog und mich auf dem Weg zum Strand machte, ging ich in Gedanken den gesamten Bewegungsablauf wieder und wieder durch.

Paddeln, Take-Off, steile Section abwarten, Bottom Turn, nach oben schauen, Gewicht auf den hinteren Fuß, nach unten schauen, Körper nachdrehen, Gewicht auf den vorderen Fuß und danach ein sauberer Bottom-Turn.

Das konnte doch nicht so schwer sein.

Beim rauspaddeln sah ich viele bekannte Gesichter.

Einer davon war ein Surflehrer des Camps den ich gut kannte.

Eventuell hatte er noch ein paar Tipps für mich parat.

„Alex, hast du eventuell noch ein paar Tipps für meinen Snap? Ich kriege es einfach nicht hin."

„Hey Mia, ich habe dich die letzten Tage beobachtet. Mach einfach genauso weiter wie bisher. Dir fehlt nur noch das letzte Bisschen. Dir muss nur noch der Knopf aufgehen. Du machst eigentlich alles richtig, nur musst du nun alle Elemente miteinander verbinden. Werde Eins mit dem Ozean, spüre die Kraft der Welle und arbeite mit ihr, statt gegen sie zu arbeiten".

Das half mir in dem Moment zwar nicht viel weiter, aber ich verstand was er meinte.

Oft passiert es, dass man Manöver in einer Welle platzieren will, die einfach nicht dafür gemacht ist. Manchmal ist man zu früh oder zu spät dran und es kann passieren, dass man versucht dem Ozean seinen Willen aufzuzwingen. Das funktioniert aber so gut wie nie. Die Natur lässt sich nicht zwingen. Das Meer bietet dir einen Spielplatz, die Regeln bestimmst aber nie du selber.

Ich setzte mich etwas abseits der Gruppe hin, ließ meine Füße in das Wasser baumeln und wartete ab.

Ein paar Sets kamen rein und ich beobachtete die Anderen beim Surfen. Die Bedingungen waren gut, die Wellen konnte man relativ lange fahren und sie waren nicht zu schnell. Das könnte heute klappen, dachte ich mir.

Das nächste Set gehörte mir. Ich paddelte an den Peak und nur kurze Zeit später rollen ein paar gute Wellen rein. Die Erste, nein, die Zweite sieht sehr viel besser aus. Ich paddle über den ersten Brecher und drehe mich danach schnell in Richtung Strand, um für die Zweite bereit zu sein.

Ich paddelte, machte einen perfekten Take-Off. Schräg, fuhr ich die Welle ab und setzte zum Bottom Turn an, die nächste Section war flach, ich machte also einen Cutback, um wieder neue Geschwindigkeit aufnehmen zu können. Jetzt war sie da, eine steile Section und noch genügend Zeit, um den Snap vorzubereiten. Turn, Blick nach oben, ich raste hinauf, drehte meinen Kopf, spürte immer noch die Kraft auf meinem hinteren Bein. Danach drehte ich den Körper nach und verlagerte mein Gewicht nach vorne. Meinen Körper zerriss es fast, aber ich hielt die Spannung. Es ging abwärts, sehr schnell ging es abwärts und ich packe den Turn nicht mehr.

Mit einem großen Kracher lande ich im Wasser und die Welle packte mich. Es dreht mich unter Wasser, die Leash, die das Board mit mir verband, war gespannt und zog an meinem Fuß. Eins, zwei, drei, vier, zählte ich unter Wasser, um nicht in Panik zu verfallen. Eine einfache Technik, die ich mir bei Wipeouts angewohnt hatte.

Kurz vor fünf tauchte ich wieder auf, holte tief Luft, zog das Board zu mir heran und machte mich bereit für einen Duckdive. Die nächste Welle ist schon im Anmarsch und ich tauchte mit dem Board unten durch. Ich paddelte zurück in das Lineup und versuchte meinen Atem zu beruhigen. Nach einigen Sekunden hatte ich wieder Luft und das Manöver spielte sich vor meinem inneren Auge noch mal ab. Warum konnte ich den Turn nicht machen? Warum war ich mit der Gewichtsverlagerung zu langsam. Warum konnte nicht endlich alles zusammenpassen?

Etwas frustriert, saß ich in der Nähe des Peaks und ließ wieder ein paar Sets durchrollen. Hin und wieder musste ich etwas weiter rauspaddeln damit mich die größeren Sets nicht erwischen. Nach einiger Zeit kam die Motivation zurück und ich versuchte es wieder.

Erneut landete ich mitten im Manöver im Wasser.

Ich paddelte wieder raus.

Dieses Spiel wiederholte sich während der Session noch einige Male, bis schließlich Alex auf mich zu paddelte.

„Mia, lass es für heute sein. Hab einfach noch etwas Spaß mit ein paar Wellen und lass uns dann gemeinsam hochgehen. Du kannst es nicht erzwingen und du wirkst schon etwas müde."

Er hatte recht. Meine Arme schmerzten vom vielen Paddeln und meine Beine waren auch schon etwas durch.

Ein paar Wellen zum Abschluss wollte ich mir aber nicht nehmen lassen, weil es gerade so gut war. Ich erwischte noch die ein oder andere und fuhr sie ganz gemütlich entlang, ohne Druck und ohne radikale Manöver zu starten.

Am Ende jeder Welle ließ ich mich nach hinten rausschießen und flog in hohem Bogen in Richtung Lineup. Ich liebte dieses Gefühl.

Alex und ich nahmen noch eine sogenannte Partywelle rein zum Strand. Wir surften die Welle bewusst gemeinsam und hatten dabei einen riesigen Spaß.

Am Weg zurück wollte er noch mal wegen des Snaps mit mir reden.

Er bläute mir noch mal ein, meinen Körper und mich nicht dazu zu zwingen. Er meinte, dass ich mittlerweile ein gutes Auge für die richtigen Wellen und richtigen Sections hatte und es nur noch abwarten müsste, bis er klappt.

Ich war guter Dinge und ließ die Gedanken-Snaps für eine Weile sein.

Nach der Dusche war ich so ausgehungert, als hätte ich tagelang keine Nahrung mehr gesehen. Ich richtete mir etwas Hartkäse mit Datteln her. Ich genoss die Leckereien auf der Picknickdecke in der strahlenden Sonne. Was für ein Sommer, dachte ich. Normalerweise kommt es kaum vor, dass es hier mal zwei Tage hintereinander sonnig ist. Dieses Jahr war es schon fast gespenstisch trocken und die Regengüsse zwischendurch störten kaum.

Am Nachmittag setzte ich mich runter in das Restaurant, um etwas zu arbeiten und fand auch noch eine Mail von Flo in meinem Posteingang.

Wir hatten uns tags zuvor darauf geeinigt, auf zu viele Telefonate zu verzichten und Neuigkeiten via Mail auszutauschen.

Neuigkeiten

„Mia, ich habe tolle Nachrichten für dich, nein, tolle Neuigkeiten für uns. In der Firma lief alles glatt und als sie von dir hörten, waren sie beeindruckt. Sie fragten mich, ob ich mir vorstellen kann, weiterhin Projekte für sie zu verwirklichen. Dabei kann ich Ortsungebunden arbeiten. Sie sagten, dass ich mit dem ersten Projekt umgehend anfangen kann. Sie brauchen eine neue App, die einige Finessen beinhaltet. Genau mein Ding!

Ist das nicht toll? Mein erstes eigenes Unternehmen, läuft wie am Schnürchen, um es mit deinen Worten auszudrücken.

Ich habe ein paar Freunde hier, die mir die Tage helfen, die Wohnung auszuräumen und ich suche nach Mietern. Am liebsten wäre es mir, wenn sie aus meinem Bekanntenkreis kommen würden, aber das kann ich mir wohl nicht aussuchen. Ich habe aber ein nettes Pärchen im Auge.

Vielleicht wird es was und sie würden bereits nächsten Monat hier einziehen.

In den nächsten Tagen habe ich noch einige Termine mit Geschäftsfreunden und ehemaligen Studienkollegen, die ich über die Jahre kennenlernte. Mal sehen, ob sich hier eventuell auch noch ein paar Projekte herrausholen lassen.

Mia, ich bin überglücklich, dass alles läuft und freue mich darauf, dir meine Flugnummer durchzugeben, sobald hier alles fix und fertig ist.

Ich vermisse dich!

Dein Flo“

Ich war hin und weg!

Er hatte es doch tatsächlich geschafft, aus seiner Kündigung noch was herrauszuholen und er wollte immer noch kommen.

Glücklich machte ich mich an die Arbeit.

Ja, es lief wirklich alles wie am Schnürchen.

Mir blieb noch eine Stunde bis zur Yoga-Einheit und mir wollte nicht so richtig was einfallen.

Ich entschied mich im Endeffekt für einen Flow, der den Fokus auf die Verlagerung des Schwerpunktes legt. Ich wollte ihnen zeigen, welchen Unterschied es macht, wenn der Schwerpunkt zentriert liegt, und wenn man ihn verlagert.

Es war eine schöne aber zugleich auch ungemein anstrengende Stunde. Ich selber konnte mir einiges daraus mitnehmen und hoffte es beim Surfen nutzen zu können.

Den Abend wollte allein und für mich genießen.

Ich holte meine Gitarre raus während meine thailändische Kokos-Hühnersuppe vor sich hin kochte und spielte ein paar Takte, die mir gerade in den Sinn kamen. Leise summte ich ein paar Melodien dazu und am Ende kam es mir vor, als hätte ich gerade meinen ersten eigenen Song gespielt. Nur nicht übermütig werden, dachte ich mir. Es waren doch nur ein paar Akkorde und leises Getriller. Aber wer weiß, was daraus vielleicht noch entsteht? Flo ist ein guter Sänger und könnte damit sicher was anfangen. Ich schrieb die Akkorde schnell auf ein Blatt Papier und genoss meine Suppe. Sie war köstlich. Aufgepeppt mit Zitronengras, Galagant und Koriander, konnte diesem Gericht nichts so schnell das Wasser reichen.

Da ich etwas mehr zubereitete, kühlte ich den Rest für den nächsten Tag ein. Ich hatte großes vor und wollte keine Zeit für Kochen aufbringen.

Verschlafen zippte ich in der Früh den Reißverschluss auf und stellte fest, dass ich etwas früh dran war. Die blaue Stunde hatte gerade erst begonnen und der Himmel war noch in ein tiefes dunkelblau gehüllt. Ich konnte nun weder surfen gehen, noch konnte ich mit der Arbeit anfangen, die ich mir vorgenommen hatte. Ich wollte die Armaturen abschleifen, jede Einzelne. Verschlafen legte ich mich zurück in das Zelt, knipste meine Campinglampe an und las ein paar Seiten in meinem Buch über Steinzeiternährung. Frisch inspiriert, hüpfte ich eine Stunde später aus dem Zelt. Machte mir noch ein paar Notizen, zu den eben gelesenen Kapiteln und startete in den Tag.

Vieles von den in dem Buch angesprochenen Dingen beherzigte ich schon lange und sie gingen mir in Fleisch und Blut über. Das Essen, das Rasten, das Bewusstsein für die einfachen Dinge, die oft einen großen Unterschied machten. Was mir allerdings gerade etwas Sorgen bereitete war, dass ich mich, vorwiegend im Liegen, auf meinem Board fortbewege. Bis auf die Yoga-Einheiten und den Spaziergängen zum Strand, nutzte ich meine Beine gerade nicht viel. Ausgenommen sind natürlich meine Rides am Board aber das sind nur kurze und heftige Belastungen. Ich nahm mir fest vor, wieder längere Wanderungen, Spaziergänge und Läufe einzulegen.

Motiviert schaute ich zu meinen Laufschuhen im hintersten Eck des Zeltes. Vor dem Frühstück könnte sich noch ein gemütlicher Dauerlauf am Strand oder der Promenade entlang ausgehen, dachte ich. Also gut, los geht's. Ich springe in meine Boardshorts und ziehe das einzige Funktionsshirt, das ich mitbrachte über und trabte langsam los. Es fühlte sich gut an. Ich lief ganz gemächlich runter zum Strand, dann in Richtung Klippen, drehte um und lief im harten Sand wieder zurück. Bergauf drosselte ich das Tempo noch weiter und wieder am Campingplatz angekommen, drehte ich noch eine Runde im schnellen Marsch, um herrunterzukommen.

Großartig dachte ich mir. So kann mein Tag gerne öfter beginnen.

Zum Frühstück machte ich mir spezielle Pancakes.

Ich mischte Eier mit Mandelmehl, einer Prise Salz und etwas Zimt in einer großen Schüssel zusammen. Die Masse musste ich nur kurz in der Pfanne anbraten und dazu gab es etwas Apfelmus ohne zugesetzten Zucker. Ein Gast brachte das selbst gemachte Mus mit und ließ mir ein Glas da. Es war ausgezeichnet.

Nach meinem Frühstück waren die Meisten am Campingplatz munter und viele schon unten am Strand. Ich suchte meine Schleifmaschine raus und losging der Spaß. Tief im Inneren des Wohnmobils fing ich damit an jede Kante, jede Fläche und jede Unebenheit wegzuschleifen, die ich finden konnte.

Nach einer Weile hörte ich ein lautes Klopfen an der Tür.

„Hey Mia, ich hatte dir doch gesagt, dass ich dir beim Abschleifen helfe.“

„Oh, sorry. Daran hatte ich in meinem Tatendrang gar nicht mehr gedacht."

„Kein Problem, ich habe Werkzeug und meine Maschine dabei. Aber sag mal, schleifst du die Dinger etwa im Caravan selber ab?"

„Ja, warum nicht?"

„Ok, komm mal raus und lass mich das mal ansehen."

Er ging hinein und ich hatte das Gefühl, als würde ihn gleich der Schlag treffen.

„Mia, wir werden jetzt alles, was wir ausbauen können, herrausnehmen. Da drinnen kriegst du das nie vernünftig hin. Wenn du auch noch alles drinnen streichen würdest, dann wärst du von den Dämpfen des Lacks eher früher als später, ziemlich high."

Ich hatte es befürchtet. Wollte es mir aber nicht eingestehen.

Also alles raus schrauben, heraußen und abschleifen.

Es dauert eine gefühlte Ewigkeit, bis wir alles in der Wiese stehen hatten, aber ich war unendlich froh, Hilfe zu haben.

Als alles ausgebaut war, ging es eigentlich recht fix.

Die Kästchen und Armaturen schliffen wir ab und den Rest, den wir nicht ausbauen konnten, machte ich im Camper noch schnell fertig.

Nach einigen Stunden fühlten sich die Stücke glatt wie ein Babypopo an. Ich brachte sie unter die Plane, damit sie nicht nass werden, falls sich Regen ankündigt.

Mit einem Bier stießen wir noch auf unser gemeinsames Werk an und wollten dann die Wellen checken gehen.

Als wir so da saßen, fiel uns auf, dass wir den ganzen Tag noch kein Rauschen vernahmen und das Camp ungewöhnlich voll war. Wir ahnten schon, was los war, aber gingen trotzdem an das Eck.

Es war flach. Nein, es war nicht nur flach im normalen Sinnen von, zu flach für ein Shortboard. Das Meer war flach wie eine Flunder. Da hätte nicht mal mehr ein neun Fuß langes Longboard was ausgerichtet. Hier war nichts zu holen. Nicht mal der Kinder Surfkurs fand statt.

Nicht ganz unglücklich gingen wir retour nach oben. Wir waren so fertig vom Schleifen, dass es wohl so oder so nicht viel Sinn ergeben hätte rauszupaddeln.

Stattdessen gingen wir hoch in das Surfcamp und veranstalteten einen kleinen Slackline Contest.

Für jeden geschafften Meter musste der Andere einen Hampelmann Sprung machen. So hatten alle was davon.

Die nächsten Tage vergingen wie im Flug.

Ich hatte im Wohnwagen viel zu tun. Der Surf war besser, die Gäste wechselten und brachten neue Geschichten mit. Die Yoga-Kurse wollten vorbereitet werden und zum Arbeiten gab es auch genug.

Kurze Updates von Flo kamen jeden Tag rein geflattert und das spornte mich noch zusätzlich an.

Es waren zwei Wochen vergangen, seitdem er heimgefahren war. Es kam es mir vor, als ob es gestern gewesen wäre. Ich verlor hier leicht das Zeitgefühl. Wochentage spielen keine große Rolle. Den Medien und Nachrichten musste man sich nur aussetzen, wenn man das wirklich will. Nachrichten von der Familie beschränken sich im Grunde auch auf das Wesentliche. „Wie geht’s dir? Weißt du schon, wann du wieder kommst? Uns geht es gut.“

Die nächste Mail von Flo hatte aber einen etwas seltsamen Betreff, den ich nicht gleich verstand. Es war eine lange Nummer mit einigen Buchstaben.

Ja, es war seine Flugnummer!

Endlich, dachte ich mir und hüpfte freudig vom Sessel auf. In dem Moment war so glücklich, ich hätte die ganze Welt umarmen können. Und das tat ich auch. Als Erstes musste der Kellner daran glauben. Gleich danach lief ich zu einem Tisch an dem Freunde von mir saßen.

„Er kommt, er kommt, er kommt!"

Alle wussten sofort Bescheid wen ich meinte und freuten sich mit mir.

In einer Woche wird sein Flieger landen, um 12:00 Uhr Mittag.

Ich fieberte die nächsten Tage daraufhin und gab noch richtig Gas, damit der Camper in einem perfekten Zustand sein würde.

Einen günstigen Boden ergatterte ich noch im hiesigen Baumarkt und die Armaturen und Polstermöbel baute ich fein säuberlich wieder ein.

Eine drei Mädeles starke Truppe half mir noch unser neues Wohnzimmer auf Hochglanz zu polieren. Er stand perfekt da!

Lediglich außen sah er noch etwas ramponiert aus, aber diese Arbeit konnte ich allein nicht schaffen.

Eine kleine Holztreppe rundete das Bild ab und ich fing langsam an, meinen Tisch und die Stühle vor dem Wohnmobil zu platzieren. Das Zelt ließ ich noch stehen bis Flo kam. Die erste Nacht wollte ich gemeinsam mit ihm im Zelt verbringen.

Ankunft

Am Tag seiner Ankunft bereitete ich noch alles vor und fuhr zeitig in Richtung Flughafen. Ich nahm noch ein paar Gäste vom Camp mit, deren Abflug eine Stunde nach Flo seiner Ankunft stattfinden sollte. Das passte gut. So sparte ich mir die Autobahnmaut in eine Richtung und hatte noch eine gesellige Runde im Auto.

Der Flughafen war sehr klein und es gab keine eigenen Terminals für verschiedene Fluglinien. Ein einziges Parkdeck reichte ebenfalls aus und ich suchte mir einen netten Parkplatz neben der Eingangtür.

Die Anderen verabschiedeten sich und machten sich auf den Weg zum Check-in, während ich ungeduldig in der Ankunftshalle wartete. Eine Stunde sollte es noch dauern bis der Flieger landen würde. Eine Stunde, die mir wie eine Ewigkeit vorkam. Ungeduldig ging ich auf und ab. Versuchte etwas zu lesen. Konnte mich nicht konzentrieren.

Ich rief, was eher selten passierte, meine Mam an und ich denke, sie war in dem Moment etwas überfordert mit mir. Ich war so nervös, dass ich ihr im Schnelldurchlauf von den letzten Tagen erzählte. Ich berichtete vom Umbau des Caravans, von meinem Pech mit den Snaps, von dem tollen Wetter und den genialen Yoga-Stunden.

Am Ende meinte sie nur, dass ich mich doch beruhigen und tief durchatmen sollte. Die letzten fünf Minuten würde ich bestimmt auch noch überstehen. Und das war's. Sie verabschiedete sich und legte auf. Verdutzt starrte ich auf mein Telefon während auf der anderen Seite des Raumes die Tür aufging.

Er kam als einer der Ersten raus. Voll bepackt, mit dem wohl größten Lächeln im Gesicht, das ich jemals gesehen hatte.

Wir lagen uns in den Armen und sprachen kein Wort.

Es war magisch.

Als wir uns endlich voneinander lösen konnten, sprinteten wir fast zum Auto und legten den Turbo in Richtung Campingplatz ein.

Für ihn bedeutete diese Fahrt nur eines, Freiheit!

Endlich frei von den Zwängen eines acht Stunden Tages und endlich angekommen in seiner neuen Realität!

Ich war wahnsinnig aufgeregt was er wohl zu dem Camper sagen würde und fuhr deshalb vielleicht ein kleines bisschen schneller als erlaubt.

Wir kamen an und er traute seinen Augen nicht. Ich aber auch nicht.

Irgendjemand hatte das vollbracht, was ich selber nicht angehen konnte.

Unser Wohnwagen hatte einen neuen Anstrich bekommen!

Ich wusste nicht gleich wer es war, aber als die Crew des Surfcamps gesammelt hinter dem Camper hervorkam, schossen mir die Tränen in die Augen. Ich war überwältigt!

Ein schneeweißer Camper, mit einem Babyblauen Streifen. Genauso hatte ich es mir vorgestellt. Ich war hin und weg!

Wir versammelten uns alle vor unserem Gefährt und zeigten Flo stolz was wir geschafft hatten. Nun war auch er überwältigt.

„Mia, Leute, das ist einfach unglaublich! Danke vielmals“, brachte er mit einer vor Rührung etwas krächzenden Stimme noch heraus.

„Wir sollten heute am Abend ins Restaurant runtergehen und darauf anstoßen!“

Alle waren dabei. Wir verabredeten uns für 21:00 Uhr.

In der Zwischenzeit verstauten wir Flo's Sachen und machten uns daran aus meinem Zelt eine Art Vorratskammer und Abstellraum zu machen. Wir beschlossen es stehenzulassen. Kostenlos ging das nicht, aber das war es uns wert. Wenigstens konnten wir hier mit einem moderaten Preis rechnen. Im Vergleich zu anderen Campingplätzen in Europa, war dieser sehr günstig und dabei doch gut ausgestattet.

Wir wollten von jetzt an im Wohnwagen schlafen und an regnerischen Tagen auch darin kochen. Eine passende Gasflasche hatte ich besorgt und unser Geschirr war eingeräumt. Uns konnte nichts überraschen und die Tage im Regen, waren vorbei.

Da Flo heiß auf das Surfen war, gingen wir, nachdem wir unsere Arbeit beendet hatten, runter an das Eck.

Es sah gut aus. Nicht zu groß, nicht zu klein. Perfekt für seinen ersten Tag zurück am Brett.

Wir zogen uns um und rannten runter zum Strand.

Snap

Gemeinsam paddelten wir raus und kamen zeitgleich im Lineup an.

Einige Leute, die er während seines Urlaubes hier kennenlernte, waren auch draußen und sie begrüßten sich kurz.

In der Zwischenzeit kam das erste Set und ich sah, dass die Anderen mit Small Talk beschäftigt waren. Ich nutzte die Gunst der Stunde und paddelte wie wild los. Irgendetwas sagte mir, dass das eine gute Welle werden würde.

Sie nahm mich sehr früh mit und ich hatte viel Zeit für den Take-off. Es war eine Rechte. Ich setzte zu einem perfekten Bottom Turn an und da war sie. Meine steile Section. Ohne viel nachzudenken, machte ich meinen ersten richtigen Snap. Ich hörte sogar wie das Wasser hinter der Welle runter prasselte und hörte gleichzeitig die Jungs jubelten. Ich konnte es nicht glauben. Es hatte funktioniert!

Ich ließ einen Jubelschrei los und kickte aus der Welle.

Zurück im Lineup gratulierten mir die Jungs und Flo saß baff da.

„Jetzt du“, meinte ich nur keck.

Innerlich zerriss es mich fast vor Freude. Das Gefühl bei diesem schnellen Manöver ist unglaublich. Besser als eine Fahrt mit der Achterbahn, besser als Bungee-Jumpen, besser als alles Andere! Ich musste noch mal einen Jauchzer loslassen, weil ich so glücklich war.

Die Jungs freuten sich mit mir und wir surften alle noch ein paar Wellen.

Hand in Hand gingen Flo und ich zurück nach oben und wir schmissen uns gleich unter die Dusche. Wir wollten keine Sekunde miteinander verpassen und beeilten uns beide.

Er wartete am Ausgang der Duschen auf mich und wieder gingen wir Hand in Hand zum Platz.

Für den ersten Abend hatte ich mir ein spezielles Abendessen einfallen lassen.

Ich machte Lachs in Honigsauce mit frischem Gemüse. Flo liebt Fisch genau so sehr wie ich und wir schlemmten bei Kerzenschein und einem guten Gläschen Wein.

Er hatte viel zu erzählen. Ich hörte ihm gerne zu.

Um 21.00 Uhr kamen die Anderen zu uns runter und wir machten uns auf den Weg in das Restaurant.

An diesem Abend stand Flo im Mittelpunkt und musste sich den Fragen stellen, die ich normalerweise zu hören kriegte.

Wie bist du auf die Idee gekommen? Wie lange möchtest du unterwegs sein? Wie wirst du deinen Lebensunterhalt verdienen? Und so weiter.

Ich kannte die Fragen schon, auch die Antworten, und deshalb unterhielt ich mich inzwischen mit einer lieben Freundin, Miriam, an der Bar.

Sie war zum Arbeiten während ihrer Sommerferien hier und hatte nur mehr ein paar Tage. Wehmütig starrte sie aus dem Fenster. Sie wollte nicht weg. Sie wollte einfach nur Reisen, Surfen, viel Zeit für sich haben und das Leben genießen. Jedoch hatte sie nur mehr ein Jahr und dann würde sie mit dem Studium fertig sein. Sie war aus Hamburg und studierte Marketing und Management. Miriam, eine offene und herzensgute Person, die immer ein offenes Ohr für alle hatte. Sie war so zu sagen die gute Fee des Surfcamps. Sie erledigte vom Frühstücksdienst, bis hin zur Gestaltung des Abendprogramms, einfach alles. Nicht selten kam es vor, dass andere Mitarbeiter einen Durchhänger hatten. Sie war es, die immer für alle da war und sie wieder aufbaute. Sie sprang ein wenn Not am Mann war und hielt alles am Laufen. Die Gäste liebten sie und bauten schnell eine Verbindung zu ihr auf. Es schien, als würde sie immer alles im Griff haben.

Nun war sie es, die Unterstützung und Zuspruch bitter notwendig hatte.

„Nur mehr ein Jahr. Das packst du mit links! Danach kannst du dir eine Auszeit nehmen und um die Welt reisen. Ich würde dir aber raten, das Studium jetzt nicht hinzuschmeißen. Halte durch und komme nächstes Jahr wieder." redete ich wie eine etwas besorgte Mama auf sie ein.

„Du hast recht. Ich sollte es durchziehen. Es fällt mir nur so schwer nach dieser tollen Zeit wieder nach Hause zu müssen. Ich kann es gar nicht fassen, dass es schon fast vorbei ist." erwiderte sie.

So ging es vielen hier. Man kommt an, lebt sich ein, gewöhnt sich an den Tagesablauf und dann geht es, immer schneller als man möchte, wieder nach Hause.

Mir ging es in den letzten Jahren nicht anders. Auch dieses Jahr werde ich nicht mehr lange hier sein. Aber anstatt nach Hause zu fahren, werden wir weiterziehen. Im September wird es hier relativ schnell ungemütlich und da wollten wir weiter gen Süden. Vielleicht Andalusien, vielleicht weiter nach Marokko? Wir hatten uns dazu noch keine Gedanken gemacht und wollten den restlichen Sommer hier noch genießen.

Flo und ich gingen gegen Mitternacht zum Platz und zelebrierten es, uns zum ersten Mal in den Camper zu legen. Wir zogen die Schuhe vor der Tür aus, putzen unsere Füße ab und stiegen dann, als wäre er aus zerbrechlichem, dünnem Glas, in das Innere. Ich knipste das Licht an und wir fielen uns um den Hals.

Nicht mehr ganz so vorsichtig wie im Zelt sprangen wir in das frisch bezogene Bett und tauschten Zärtlichkeiten aus. Endlich mussten wir auch nicht mehr so leise sein und nicht mehr auf die Zeltplane aufpassen. Der Caravan stand fest und wackelte nicht.

Am nächsten Morgen stand Flo früh auf, checkte den Surf und machte uns Frühstück. Das Meer war viel zu aufgewühlt. Der Wind wehte wie irre und drückte alle Wellen zusammen.

Da es am Homebreak schlecht aussah, packten wir unsere Sachen und fuhren an eine nahe gelegene, windgeschützte Bucht.

Da kamen die Wellen geordnet und viel weniger verblasen rein.

Vor dem Raus paddeln erklärte ich Flo noch eine wichtige Sache, die es über den Spot zu wissen galt.

„Paddle nie zu weit an der linken Seite raus und lass dich da nicht rübertreiben. Von da aus zieht die Strömung gerne Surfer und Schwimmer ins offene Meer hinaus. Ansonsten ist es hier safe."

Wir sind Feuer und Flamme und paddeln los.

Drei andere Surfer, eine Frau mit meinem Funboard und zwei Männer mit Shortboards sind sonst noch draußen. Da nur ein Peak lief, wirkte das Lineup der kleinen Bucht somit schon relativ voll. Das machte uns aber nichts aus. Wir paddelten was das Zeug hielt und machten es uns draußen erst mal gemütlich. Ich wartete gerne etwas ab, um zu sehen, mit welchen Surfern ich es zu tun hatte. Flo war da anders. Er hatte immer das erste Set im Blick. War immer heiß darauf, eine Welle nach der Anderen zu surfen und warten war nicht sein Ding. Schon nach ein paar Minuten kam das erste Set rein und er saß perfekt. Voller Elan sprang er auf das Brett und machte ein paar lang gezogene Turns, um sich aufzuwärmen. Nach ein paar Duckdives war er wieder bei mir und grinste breit.

Ich nahm die erste Welle im nächsten Set. Eine Linke. Da die Wellen relativ flach waren und ich mit meinem Fish, einem kurzen aber dafür breiten und dicken Board draußen war, genoss ich die Welle entlangzugleiten und ein paar geschmeidige Turns reinzusetzen. Es war gemütlich. Nicht sehr steil aber auch nicht zu flach. Diese Wellen waren perfekt damit Flo seinen Rhythmus wiederfinden konnte.

Ich war diesen Sommer schon so sehr mit Wellen aller Art gesegnet, dass es mir in dem Moment ganz egal war, was daherkam. Hauptsache ich konnte surfen. Das Einzige, auf das ich aber heftig wartete, war eine Tube. Eine Welle, die mich in sich einhüllt und durch die ich wie ein Zug auf Schienen durchfahren konnte. Das wäre die Krönung meines Sommers. Während dieser Session verschwendete ich daran aber keinen Gedanken. Hier auf eine Tube oder Barrel zu warten war vergebens.

Wir blieben an die zwei Stunden im Wasser und genossen jede Sekunde davon. Die anderen Surfer waren total entspannt und es gab weder böse Blicke noch Drops. Es war fast so, als würden wir uns abwechseln. Herrlich, warum kann es nicht immer so sein.

Am Weg zum Campingplatz blieben wir noch bei einem Supermarkt stehen, um ein paar Kleinigkeiten zu holen. Flo ernährte sich zwar auch gesund, aber nach dem Surfen brauchte er Zucker. Frühstücksflocken, Kekse oder sonstiges mit reichlich Kohlenhydrate damit er seinen ersten Hunger stillen konnte. Wir packten eine Ladung voll schneller Energie in den Einkaufswagen und er hatte an der Kassa das erste Keks im Mund. Ein herrlicher Anblick.

Danach fuhren wir schnell weiter, weil unsere Mägen schon ein Duett veranstalteten, bei dem man annehmen musste, dass ein Magen den Anderen übertrumpfen wollte.

Es fing zu nieseln an und der Wind ließ auch nicht nach. In dem Moment war ich richtig glücklich, über unseren Wohnwagen. Nach der Dusche setzten wir uns hinein und beobachteten die Anderen beim nass werden. Endlich mussten wir nicht mehr auf engstem Raum in Zelt sitzen und frieren, während wir vergeblich versuchten alles trocken zu halten.

Jetzt hieß es Beine hoch, Sweatshirt aus und ein ordentliches Mittagessen genießen.

Der Regen wurde heftiger und wir beschlossen wir es uns drinnen weiter gemütlich zu machen. Es hörte sich wundervoll an, wie der Regen auf das Dach plätscherte. Auf eine seltsame Weise beruhigend. Ich schlief nach dem Essen rasch ein und war nicht verwundert, als es immer noch regnete als ich wieder aufwachte. Es sollte wieder eine lange Durststrecke bis zum nächsten vernünftigen Sonnenschein vor uns liegen. Der Regen hörte in den nächsten Tagen nur selten auf und so verbrachten wir viel Zeit im Camper.

Das Surfen ließen wir uns dadurch aber nicht verderben. Nur wenn der Wind zu heftig wurde, blieben wir draußen. Es passierte dann gerne, dass man nicht mehr vernünftig in die Welle reinkam, weil der Wind so heftig vom Land in Richtung Meer blies. Andererseits konnte der Wind, die Wellen auch von hinten zusammendrücken. Beides nicht optimal. Zum Glück passierte das aber nur selten. Wir waren so gut wie jeden Tag unterwegs, um an verschiedenen Spots zu surfen.

Auch unser Wasserfall Spot lag hoch im Kurs. Wir liebten es dort. Zwar genau wie mindestens zwanzig andere Surfer auch, aber immerhin konnten wir die Aussicht genießen, falls wir mal wirklich keine Wellen erwischten. Das passierte aber in der Regel, wenn schon, auch nur mir. Flo konnte sich in dem Fall etwas besser durchsetzen und holte sich seine Wellen einfach.

Mir machte es meistens nichts aus, wenn mal was schiefging und ich tatsächlich eine gefühlte Ewigkeit auf eine Welle warten musste. Nur wenn die Schuld bei mir lag, weil ich zu feige war, dann hatte ich damit ein richtiges Problem.

An einem hohen Tag paddelten wir wieder gemeinsam raus und ich hatte ein gutes Gefühl. Die Wellen waren groß und steil. Dazu blies eine relativ kräftige Offshore Brise, die sie zusätzlich aufstellte. Ich könnte, mit etwas Glück, meine erste Tube des Sommers surfen. Der Himmel war grau und der Wind war kalt. Ich kann nicht sagen warum, aber ich zog bei jeder Welle, die ich an paddelte, im letzten Moment zurück.

Ich paddelte, bekam Panik und bremste mithilfe meiner Beine wieder ab. Ich sah den anderen Surfern dabei zu wie sie sich eine gute Welle nach der Anderen abholten und kriegte es selber einfach nicht hin. Ich hatte eine totale Blockade. Flo kam zu mir rüber und fragte was mit mir los sei. Er hatte mich noch nie so gesehen. Ich wehrte ab und sagte, dass es schon in Ordnung sei. Ich war nie gut darin, über so etwas zu reden. Wieder nahm ich meinen Mut zusammen, paddelte eine Welle an und zog dann im letzten Moment zurück. Das ging sicher eine Stunde so und ich weiß bis heute nicht warum.

Genervt wartete ich eine Setpause ab und paddelte zurück zum Strand. Ohne auch nur eine Welle zu surfen. Müde und frustriert ließ ich mich in den Sand fallen und starrte in den grauen Himmel. Mensch, das gibt es doch gar nicht, dachte ich mir.

Flo kam nach einiger Zeit zu mir raus und wollte mich aufheitern. Er kannte mich noch nicht gut, aber wusste, dass er jetzt nicht mit irgendwelchen Tipps auf mich zukommen sollte. Das würde mich nur noch mehr nerven. So machte er ein paar Witze über die Wipeouts der anderen Surfer und versuchte mich damit zum Lachen zu bringen. Das hatte er auch geschafft. Besänftigt ging ich mit ihm hoch zum Auto und wir fuhren nach einer kurzen, kalten Dusche im Wasserfall, wieder los.

Das Thema kam auch am Abend nicht mehr zur Sprache und dafür war ich ihm sehr dankbar.

Es war Ende August und das Tahiti Pro wurde gerade live übertragen. Einer der wenigen Fixpunkte, die in meinem Kalender eingetragen waren. Der Swell war massiv und das Event startete schon am ersten Tag der Waiting-Period. Dieses Event Fenster wird für jeden Stopp auf der World Surfing League Tour genutzt. Damit stellen die Veranstalter sicher, dass die Surfer zu den best möglichen Bedingungen gegeneinander antreten konnten.

Die besten Surfer der Welt paddelten in eine der besten Wellen der Welt vor der Küste von Tahiti. Der Channel neben dem Pointbreak war überladen mit Booten, SUPs und Jetskis.

Diese Welle bricht auf einem seichten Riff. Sie bildet, bei dir richtigen Größe, eine unglaubliche Barrel. Diese Welle kann dich umbringen oder dich zur Legende machen!

Wir freuten uns wie kleine Kinder, auf den Anfang des Livestreams und endlich sagten die Sprecher die berühmten Worte in ihr Mikrofon: "It´s On."

Schon der erste Heat versprach extrem spannend zu werden und die Wellenvorhersage hielt, was sie versprach. Teahupoo brannte!

Jeder Heat war großartig. Manche waren etwas schneller, es wurden also mehr Wellen gesurft, und manche ließen etwas Zeit, um zu verschnaufen. Eines war aber in der Round 1 schon klar – dieses Jahr wird ein besonderes Jahr für Teahupoo!

Wir schauten noch ein paar Heats und schliefen schließlich ein.

Die erste Fahrt

Am nächsten Tag planten wir die erste Ausfahrt mit unserem Wohnwagen.

Zuerst mussten wir die Anhängerkupplung an meinem Wagen montieren und danach konnte es schon losgehen.

Keiner von uns war jemals mit einem Anhänger gefahren und so gestaltete sich das Unterfangen etwas schwierig.

Die Ausfahrten der Zeltplätze waren schmal und der Weg danach gleich ziemlich abschüssig. Wir holten uns Hilfe.

Zusammen schafften wir es den Wagen mit dem Anhänger auf die Straße zu bringen. Es konnte losgehen.

Das Gefühl war zuerst richtig komisch. Es schlenkerte etwas und die Kurven nahmen wir noch verhalten. Wir wollten nur so rumfahren und die Gegend erkunden.

Unterwegs fanden wir, gleich neben einem Strand ein paar Felsen die perfekt wären, um etwas zu bouldern. Wir packten die Matte und Kletterschuhe aus dem Kofferraum aus und wir starteten los. Wir machten ein paar lässige Züge und fanden tolle Routen. Leider hatten wir das Magnesium vergessen und aufgrund der hohen Temperaturen, rutschen meine Finger immer wieder ab.

Das machte mir nichts, es war so oder so wunderschön mit Flo.

Er kletterte Routen, bei denen mir der Mund offen stehen blieb. So gut war ich nicht, aber ich konnte mithalten. Mein letztes Mal bouldern war schon lange her. Ich hatte eine Jahreskarte in einer Halle zu Hause, aber das war mit bouldern am Fels nicht vergleichbar. Vor allem konnte man in der Halle das Rauschen des Meeres nicht hören und keine Pausen mit den Füßen im Wasser machen. Ich fühlte mich wie im siebten Himmel. Ausgepowert und glücklich lagen wir schließlich am Strand und aßen unsere mitgebrachte Jause.

Nachdem wir die meisten Sachen dabei hatten, die man so braucht, beschlossen wir noch ein Stück weiterzufahren. Flo war damals schon von den Klippen mit den Wildpferden beeindruckt uns so fuhren wir noch mal hin. Diesmal konnten wir nicht voneinander ablassen. Wir suchten uns einen schönen Platz, von dem aus wir die ganze Bucht überblicken konnten. Wir saßen lange da, hielten uns in den Armen und freuten uns darüber, dass wir eine so schöne Zeit miteinander verbringen durften.

„Findest du es nicht unglaublich was das Schicksal mit uns anstellte? Zuerst musstest du gehen, damit mir Vicky von dir erzählt. Dabei wohnten wir nicht mal zehn Minuten voneinander entfernt“, meinte Flo nach einer Weile.

„Ja, schon lustig wie das Schicksal spielt“, konterte ich keck.

„Jedoch kann ich nicht sagen, ob es daheim gleich ausgegangen wäre. Ich war nicht lange allein unterwegs aber die paar Wochen brauchte ich. In dieser Zeit konnte ich als Mensch so sehr wachsen. Mir ging es besser als jemals zuvor als du in mein Leben gepurzelt bist.“

„Mia, du bist unglaublich. Das wollte ich dir immer schon mal sagen. Nicht nur, dass du den Schritt wagtest zu gehen. Nein, du meisterst das alles auch noch großartig. Du lebst nicht nur in den Tag, sondern nutzt diese Reise auch noch, um der Mensch zu werden, der du immer sein wolltest und den ich immer gesucht habe. Ich verspreche dir eins. Falls wir beide vom Weg abkommen, zurückfallen in alte Muster, Negativität anziehen, dann bin ich da. Immer. Was auch immer der Grund sein mag. Ich stelle sicher, dass du nicht vergisst, warum du dich auf diese Reise begeben hast. Dass du nicht vergisst, dass du dir selbst am wichtigsten sein musst. Wenn es dir gut geht und du so eine Lebensfreude wie jetzt ausstrahlst, dann kann es mir mit dir nur gut gehen. Danke Mia, dass du diesen Schritt für uns beide gegangen bist. Ich liebe dich!"

„Flo ich danke dir aus tiefstem Herzen. Du kannst dir gar nicht vorstellen, was diese Worte für mich bedeuten."

In den nächsten Minuten saßen wir einfach nur still da.

Bevor wir uns versahen, dämmerte es.

Warum die Nacht nicht hier oben verbringen? Immerhin hatten wir den Caravan mit.

Es war nicht nur romantisch, sondern auch total aufregend.

Wir kochten ein einfaches Essen und setzten uns vor den Wohnwagen. Von hier aus konnten wir die Sterne klar sehen und wir suchten nach uns bekannten Sternbildern.

Ich fand noch eine Flasche Wein. Da wir das meiste Geschirr am Campingplatz ließen, mussten wir uns mit Papierbecher zufriedengeben. Kein Stress, er schmeckt trotzdem immer noch wie ein vier Euro Wein. Also hätten es Gläser nicht besser gemacht. Wir lachten darüber.

Am nächsten Morgen konnten wir die Wildpferde von unserem Fenster aus sehen wie sie genüsslich ihr Frühstück kauten. Apropos Frühstück, mir knurrte der Magen und ich wollte zurück zum Campingplatz.

Eine Stunde brauchten wir für die Fahrt und das Einparken war nicht viel weniger mühsam als das Ausparken.

Als der Caravan wieder sicher am Platz stand, machte ich mich daran Kaffee zu kochen und im Nu genossen wir ein leckeres Frühstück.

Langsam war es an der Zeit, unseren weiteren Trip zu planen.

Wir waren uns nicht ganz sicher, ob wir nach West Galizien weiterfahren sollten oder direkt weiter nach Andalusien. Grundsätzlich reizte es mich schon sehr, Galizien und die Costa Mortales zu erkunden. Andererseits wollte ich aber immer noch etwas Sommer genießen. Auch viele Freunde aus dem Surfcamp würden weiter nach Andalusien reisen und so entschieden wir uns für die Sonnenseiten des Lebens. Es galt Andalusien zu erkunden! Nach dieser Entscheidung machten wir uns endlich daran den Surf zu checken.

Nach einem Tag ohne Wachs unter den Füßen waren wir schon ganz hibbelig und wollten unbedingt in das Wasser. Wir gingen zum Eck und es sah gar nicht schlecht aus. Die Tide war gerade auch richtig und wir packten wir unsere Boards und gingen runter zum Strand. Flo paddelte zum Peak in der Mitte und ich blieb etwas weiter drüber. Dort waren die Wellen etwas kleiner, dafür waren wir da nur zu dritt. Wir wechselten uns bei den Sets ab und ich hatte tolle Wellen.

Ich schaute immer wieder mal zu Flo rüber und er hatte auch richtig gute dabei. Ausgepowert kamen wir hoch und ich war so müde, dass ich mich nur noch aus dem Wetsuit schälte und danach sofort in der Wiese einschlief.

Flo weckte mich nach einer Zeit mit einer großen Schüssel voller Obstsalat. So konnte das Leben ewig weitergehen.

Besuch

An diesem Nachmittag, sollte es eine Überraschung für mich geben, über die ich mich riesig freute.

Mein Bruder meldete sich bei mir und fragte, wie lange wir noch vorhatten in Galizien zu bleiben. Ich konnte es nicht genau sagen und so rückte er mit der Sprache raus.

Er hatte noch ein paar Tage Urlaub zu verbrauchen und wollte uns mit seiner Freundin besuchen.

Ich war außer mir vor Freude. Sofort war mir klar, dass ich hierbleiben würde bis er kommt. Er kannte Galizien und wusste, auf was er sich einließ. Immerhin war der August so gut wie vorbei und der Herbst machte sich schon da und dort bemerkbar. Das hinderte ihn nicht daran, zu kommen.

Schon am Abend gab er mir Bescheid, dass er in fünf Tagen da sein würde und gab mir seine Flugnummer durch. Dass ich die beiden abholen würde war ganz klar. Das Einzige was er mir vorerst verschwieg war, dass sein Flug erst um Mitternacht ankommen würde. Was soll's, dachte ich mir und plante einen Tagesausflug nach A Coruna, der Stadt, in der er landen würde.

Am Tag seiner Ankunft bastelte ich in der Früh kitschige Schilder mit ihren Namen darauf. „Anni & Robin“ stand in großen, bunten Buchstaben darauf. Auch wenn es einer der kleinsten Flughäfen war die ich kannte, wollte ich mir den Spaß nicht nehmen lassen.

Wir fuhren gegen Mittag los, um noch etwas Zeit in A Coruna zu verbringen. Wir kannten einen Surfshop bei dem ich einige Jahre zuvor mein erstes Shortboard kaufte. Dort wollte ich wieder hin. Ich war gespannt zu sehen, ob es etwas Passendes für mich gab. Mein Neoprenanzug gab langsam, aber sicher den Geist auf. Er hatte da und dort schon die ersten Löcher und meine Bikinis lösten sich auf. Die Saison war bald vorbei und so könnte ich Glück haben und etwas im Ausverkauf erwischen. Ich war gespannt.

In A Coruna angekommen suchten wir uns erst mal eine nette Tapas Bar. Wir wollten das spanische Leben mal wieder richtig genießen und bestellten uns einen gemischten Teller und ein Glas Bier. Fisch, Fleisch und Tapas mit Gemüse standen bereit und lieferten Energie für die nächsten paar

Stunden. Das Lokal war relativ klein und die Tische aus Weinfässern, zauberten eine gemütliche Atmosphäre. Der unverkennbare Geruch von frischen Zutaten strömte durch den Raum. Das war Spanien wie wir es liebten!

Gestärkt suchten wir nach dem Surfshop. Es war gar nicht so einfach sich hier wieder zurecht zu finden. Es war doch schon länger her, dass ich das letzte Mal hier war. Wir verliefen wir uns nicht nur einmal. Unterwegs kamen wir zweimal beim gleichen Eisstand vorbei. Diese Gelegenheit nutzten wir, wenn ich mir auch etwas blöd vorkam, weil ich uns ganz offensichtlich, im Kreis geführt hatte. Nach dem Eis fasste ich mir ein Herz und fragte nach dem Weg.

War doch gar nicht so schwer. Zweimal rechts abbiegen und immer geradeaus. Und da war er auch schon. Das Glück war ebenfalls auf meiner Seite. Der Ausverkauf war im vollen Gange.

Ich wusste sehr genau, welchen Neo ich haben wollte und startete sofort zu dem Regal. Es sah ganz gut aus für mich. Zu mindestens das Modell hatte ich schon gefunden. Jetzt musste er nur mehr in meiner Größe da sein. Ich fragte den Besitzer und hatte Glück. Jetzt kam das, was ich ganz und gar nicht leiden konnte. Einen Neoprenanzug, in einem warmen Laden anprobieren. Man gerät dabei so schnell ins Schwitzen, dass es eine ziemliche Tortur werden kann, bis man endlich drinnen ist.

Nach einer Stunde waren wir fertig und schlenderten weiter durch die Stadt. Wir genossen ein wundervolles Abendessen und fuhren dann weiter zum Flughafen.

Anni und Robin kamen uns etwas müde, aber freudestrahlend entgegen. Sie machten sich auch nur ein bisschen, über das Schild lustig. Wir luden ihr Gepäck ins Auto und fuhren müde zum Campingplatz. Für die nächsten Nächte würden sie in unser Zelt ziehen. Wir machten schon am Vortag Platz und es war alles bereit für die beiden.

Anni surfte noch nicht lange und wollte einen Kurs buchen. Robin war schon sicher am Brett und plante, mit uns zu surfen. So ganz, fühlte sich das aber nicht richtig an. Einerseits waren die Kurse sehr teuer und andererseits wusste ich relativ genau, was sie beim Kurs erwartete. Die Theorie kannte sie schon von einem vorherigen Kurs. Also bot ich ihr am nächsten Tag an, sie zu unterrichten. Zuerst winkte sie ab und meinte, dass ich ruhig mit den Anderen surfen sollte. Dann bot aber auch Flo seine Hilfe an und dieses Angebot konnte sie nicht mehr ausschlagen. Mein Funboard passte perfekt für sie. Alles geritzt.

Der Swell war an diesem Tag relativ schwach und das Wetter strahlend schön. Galizien zeigte sich mal wieder von seiner schönsten Seite. Wir gingen schon am frühen Vormittag runter und blieben die erste Stunde, alle gemeinsam im Weißwasser. Anni machte sich sehr gut.

Sie war sportlich und hatte keine Angst vor dem Wasser. An dem Tag lief alles perfekt. Die Wellen hatten gerade genug Druck, um uns mitzunehmen. Sie waren aber nie so stark, dass sie bedrohlich gewirkt hätten.

„Anni, bist du schon mal grüne Wellen gesurft? Ungebrochene Wellen?“

„Nein Mia, das traute ich mich bisher noch nicht.“

„Heute wäre der perfekte Tag dafür, komm mit, wir paddeln alle gemeinsam mit dir raus.“

Etwas zögerlich willigte sie ein.

Wir nahmen sie in unserer Mitte und machten uns auf den Weg nach draußen.

Schon nach gut zwei Minuten waren wir im Lineup. Da es noch früh war, war noch nicht viel los. Man musste an solchen Tagen nur aufpassen, dass man es nicht übersieht. Wenn es so klein war, platzt die Bucht teilweise fast aus ihren Nähten. Selbst die Locals lassen es sich nicht nehmen zu surfen, obwohl sie in der Regel, nur auf die größten Swells heiß waren.

Als wir draußen saßen, entspannte sich Anni und wir fingen an eine passende Welle für sie zu suchen. Ich wollte sie etwas in die Welle tauchen, damit sie genug Geschwindigkeit haben würde und schwamm neben ihr her. Schon bald kam ein Mini Set und ich wusste, dass es perfekt sein würde. Ich half Anni dabei sich richtig am Board zu platzieren und dann ging es auch schon los. Die Welle kam, ich schob sie rein und nach wenigen Metern stand sie.

Ihre erste grüne Welle und sie fuhr sie fast bis zum Strand. Ihr Lächeln und ihre Freude waren riesengroß.

Wir nahmen die nächste Welle alle gemeinsam und surften zu ihr. Alle fielen sich um den Hals und wir feierten ihre erste grüne Welle.

Nun war sie nicht mehr aufzuhalten. Schnell wollte sie wieder raus und die nächste erwischen. Das Surf Fieber hatte sie gepackt.

Wir blieben an die zwei Stunden draußen und hatten einen riesigen Spaß.

In den nächsten Tagen war, was das Wetter und Swell anging, alles dabei. Von Regen, über Sonne und Mini Wellen bis hin zu doppelt über Kopf. Wir versuchten jeden Tag zwei Sessions einzulegen. Eine wollten wir so perfekt wie möglich für Anni gestalten und fuhren an den großen Tagen zum Leuchtturm oder der geschützten Bucht. Die zweite Session des Tages surften wir am Hausstrand oder beim Wasserfall. Das passte für alle perfekt. Die Stimmung war durchwegs gut und wir verbrachten tolle Tage miteinander.

Wir fanden immer eine Beschäftigung und Robin konnte mir noch gute Tipps für meine Yoga-Stunden geben. Da sich die Saison aber langsam dem Ende zuneigte, waren nicht mehr viele Gäste da. Ich reduzierte meine Stunden auf zwei Mal pro Woche. Das war vollkommen in Ordnung, da ich so mehr Zeit mit meinen Lieben verbringen konnte. Die beiden blieben sechs Tage bei uns und wir hatten eine absolut tolle Zeit. Außerdem fanden es

Flo und ich toll, dass wir endlich wieder ein Pärchen zum Klassiker teilen hatten. Schon am zweiten Abend gingen wir ins Restaurant und bestellten unsere zwei Lieblingsplatten, Gemüse und Fisch, mit einer guten Flasche Wein.

Das Leben verwöhnte uns!

Am Tag ihrer Abreise pendelte sich das Wetter dann auch langsam wieder auf typisch Galizien ein. Es regnete von früh bis spät und ihr Flieger verließ bei strömenden Regen den Flughafen.

Wir winkten zum Abschied und dann war es auch für uns an der Zeit, an einen Abschied zu denken.

Auf Wiedersehen, Galizien

Wir beschlossen in den nächsten Tagen in Richtung Andalusien aufzubrechen und packten unsere Sachen. Jeden Tag ein Bisschen.

Am letzten Abend gönnten wir uns noch ein letztes Abendessen unten im Restaurant, bezahlten unsere Rechnung und legten uns voller Abenteuerlust ins Bett. Der letzte Morgen zeigte sich wieder mal von seiner prächtigsten Seite. Regen, Nebel, Wind und Kälte. Es war nun definitiv Zeit, um aufzubrechen.

Wegen dem schlechten Wetters bekamen wir nicht viele unserer Freunde zu sehen und deshalb signalisierten wir, wie üblich, mit lautem Hupen, dass wir uns auf den Weg machen würden. Es kamen doch noch alle die uns wichtig waren und wer weiß, vielleicht würden wir uns ja schon viel früher als geplant wiedersehen.

Dieses Mal fiel es uns viel leichter aus dem Zeltplatz raus zu navigieren und wir befanden uns am richtigen Weg.

Unterwegs wollten wir noch in unserem gewohnten Einkaufszentrum Halt machen, um uns mit Vorräten einzudecken. Es geht einfach viel schneller, wenn man das Geschäft kennt und wir waren beide in der Regel nicht begeistert davon, all zu viel Zeit in klimatisierten Räumen zu verbringen. Wir holten uns einen Einkaufswagen, packten alles was wir für wichtig hielten und starteten dann noch kurz in die Camping Abteilung. Wir fanden kleine solarbetriebene Lichterketten in die wir uns sofort verliebten. Wir nahmen noch zwei Lampen mit, die wir vor dem Caravan aufstellen wollten damit es in der Nacht schön beleuchtet war. Etwas Kitsch musste einfach sein.

Als wir alles gut verstaut hatten fuhren wir los.

Wir wollten nicht die schnellere Route durch das Landesinnere nehmen, sondern der Küste entlang, über die Costa de la Muerte, Portugal und der Costa de Luz, der Küste des Lichts, nehmen. Die Route durch das Landesinnere hätte zwar nur zehn Fahrtstunden bedeutet, aber dann wären und die wunderschönen Küstenabschnitte entgangen.

Portugal

An der Costa de la Muerta, der sogenannten Todesküste, die nach vielen Schiffsunglücken so benannt wurde, wollten wir an das Kap Finisterre. Es liegt etwa 60 Kilometer westlich von Santiago de Compostella, der berühmten Stadt am Ende des Jakobsweges. Es ist einer der westlichsten Punkte Europas und der Leuchtturm auf dem massiven

Felsen zieht viele Touristen an. Wir wollten uns dieses imposante Kap nicht entgehen lassen und genossen schon wenig später den Ausblick über den Atlantik. Es war allerdings sehr windig und kalt.

So verschlug es uns relativ schnell wieder weiter auf die Straße gen Süden. Es dauerte nicht lange, bis wir Portugal erreichten und wir suchten uns einen gemütlichen Platz zum Schlafen. Da wir nicht lange bleiben wollten musste ein kleiner Rastplatz neben der Straße ausreichen. Es war schon längst dunkel als wir parkten und alles fertigmachten zum Schlafen.

Am nächsten Morgen waren wir absolut überrascht. Wir sahen von unserem Fenster aus direkt auf den Atlantik und beobachteten das weiche Heben und Senken des Wassers eine Zeit lang. Es war unglaublich schön.

Wir beschlossen unsere Boards an diesem Tag im Wagen zu lassen und machten uns auf den Weg nach Porto. Etwas Kultur würde uns sicher guttun dachten wir uns.

Die Küste war hier immer noch sehr hügelig und grün. Ganz ähnlich wie in Galizien verhielt es sich auch mit dem Wetter und dem Wind. Es war etwas kühl und überaus windig. Wir fuhren gemütlich, mit vielen kleinen Pausen dahin und genossen es unterwegs zu sein.

In Porto angekommen, ließen wir den Camper auf einer der extra dafür ausgewiesenen Plätze stehen. Diese Flächen findet man ich ganz Europa und es kostet nur ein paar Euro pro Nacht. So ersparten wir uns in der Nähe von größeren Städten, teure Strafen wegen Wild-Campens.

Die Altstadt war am Abend voll mit Menschen, die ein positives Lebensgefühl versprühten. Kleine Bars säumten die engen Gassen von Porto und die Architektur gefiel und wahnsinnig gut. Die terrassenförmig angelegte Stadt versprühte einen angenehmen Charme. Wir ließen uns zu einem Abendessen in einer der Gassen hinreißen und fühlten uns zum ersten Mal seit langem wie echte Touristen.

Am nächsten Tag sahen wir uns noch den Torre dos Clerigos, einen Glockenturm, der gleichzeitig das Wahrzeichen der Stadt bildet, an. Nach einem kurzen Zwischenstopp in einem kleinen Cafe`, war es für uns aber an der Zeit, weiterzureisen. Porto war schön, aber wir schätzten unsere Zweisamkeit noch sehr und machten uns wieder auf den Weg in ruhigere Gebiete.

Unsere Reise durch Portugal war von Liebe, Leidenschaft und Surfen gespickt. Wir erlebten vier Wochen in diesem wundervollen Land. Viel länger, als wir eigentlich planten und kamen, vor Energie sprühend, in Andalusien an.

Andalusien

Wieder verschlägt es uns in ein ruhiges Gebiet. Die Bucht, die wir schnell zu unserem Hausstrand erklärten, war der in Galizien relativ ähnlich. Noch etwas weitläufiger und auch mit einem wunderschönen Leuchtturm bestückt. Rundherum gab es einige Breaks, die bei unterschiedlichen Bedingungen funktionieren würden. Einige Beachbreaks, die mit langen, gemütlichen Wellen aufwarteten, waren in unmittelbarer Nähe von Pointbreaks über Riffen zu finden. Es war schon Oktober und langsam aber sicher, wurden die Wellen sehr kraftvoll. Auch einige unserer Freunde aus Galizien trafen wir wieder und verabredeten uns für den nächsten Tag zum surfen.

Ein massiver Swell war angesagt und ich konnte mir gut vorstellen, dass ich nun endlich, meine erste Tube fahren würde. Am Abend lag ich in Flo seinen Armen und war aufgeregt. Ich fing langsam an mir auszumalen, wie es sein würde, wenn sich der Vorhang aus Wasser und Kraft über mir zuziehen würde und ich den Blick an das Ende des Tunnels richten würde.

Ich schlief unruhig ein und die Geräusche der Brandung weckten mich in der Nacht oft auf.

Am nächsten Morgen stand ich früh auf. Ich kümmerte mich um das Frühstück und wartete ungeduldig auf Alex, den Surflehrer, mit dem ich in Galizien schon viele gute Sessions hatte.

Pünktlich nach dem Essen kam er vorbei, sein Board bereits unter dem Arm. Mir war klar, dass es jetzt rundgehen würde. So aufgeregt war Alex nur, wenn es wirklich gut war. Wir packten unsere Boards und gingen los. Als ich sah, was sich da draußen abspielte, stockte mir der Atem. Eine perfekte Welle nach der Anderen kam rein und sie zogen klare Linien in den Ozean. Respektvoll blickte ich auf das Meer hinaus, nahm reflexartig Flo seine Hand und ging, etwas ängstlich, zum Strand.

Alex klärte mich noch kurz, eher sehr kurz auf.

„Mia, hol dir deine Tube! Heute ist es steil, schnell und hoch genug. Du packst das!“

Wir paddelten gemeinsam raus und auch Flo schien ein klein wenig besorgt zu sein. Ich wünschte mir nur eins, nur nicht wieder bei jeder Welle zurückziehen. Nur nicht die Angst vorherrschen lassen. Einfach genießen und in die Welle paddeln. Es war gar nicht einfach raus zu kommen. Ich musste mit voller Kraft paddeln, um voranzukommen. Immer wieder drückten mich die Wellen etwas zurück. Ich machte einen Duckdive nach dem Anderen. Ich paddelte hart und legte all meine Kraft in meine Züge. Langsam aber sicher ging mir die Luft aus. Ich hielt durch. Welle für Welle durchtauchte ich. Meter für Meter kam ich dem Lineup näher.

Draußen, hinter den Wellen, die gebrochen waren, war die Stimmung gut. Es waren nicht zu viele Surfer da und das Wetter trug ihren Teil zum Wohlfühlen bei.

Wie immer an solchen Tagen, ließ ich vorher mal einige Sets durchrauschen. Ich beobachtete die Situation aufmerksam und prägte mir die Wellenabstände ein. Ich hatte mir fest vorgenommen, nicht zu lange zu warten. Würde mir das passieren, würde die Angst überhandnehmen und ich würde wieder bei jeder Welle zurückziehen.

Schließlich war es so weit. Ich sah ein Set am Horizont und brachte mich in Position. Alex und Flo paddelten neben mir her. Ich wusste was das zu bedeuten hatte. Sie wollten für mich blocken. Wollten also andere Surfen davon abhalten, mir die Welle wegzuschnappen. Nervös paddelte ich und sah die beiden eindringlich an. Alex ermutigte mich.

„Mia, wir sind hier, die zweite Welle des Sets sieht perfekt aus und ich bringe dich in Position. Du kannst es schaffen! Jetzt los, paddel was das Zeug hält!"

Ich drehte mich noch einmal kurz um, damit ich die Welle sehen konnte, paddelte dann wie wild los und spürte, wie sich mich die Welle mitnahm. Sie war hoch und unglaublich steil. Ich wusste, dass der Drop nicht leicht werden würde und ich sofort Richtung machen müsste, wenn ich ihn stehen will. Während des Take-Offs, vermied ich es nach unten zu sehen. Ich blickte von Anfang an der Welle entlang, spürte wie ich fast ungebremst nach unten fiel und fühlte meine Finnen greifen.

Ein kurzer Pump im Wellental und dann sah ich es. Die Welle war hohl und legte sich wie ein massiver Vorhang über mich. Ein Hohlraum formte sich und ich war mitten drinnen.

Ich hatte diesen Moment schon so oft in meinen Gedanken durchlebt, dass ich genau wusste, was zu tun war. Mit meiner rechten Hand griff ich auf das Rail. Ich ging tief in die Knie und versuchte meine Geschwindigkeit einzuschätzen. So wie ich das sah, war alles perfekt. Mein Gewicht verlagerte ich ein kleines Bisschen auf den vorderen Fuß, um nicht an Geschwindigkeit zu verlieren und dann war es an der Zeit zu genießen.

Ich raste innerhalb der Welle dahin. Ich war Eins mit dem Ozean und die Welle erlaubte es mir, in sie einzutauchen. Sie blieb gerade so weit offen, dass ich gut Platz hatte. Meine Oberschenkel brannten etwas und mein Blick richtete sich in Richtung des Endes der Barrel. Alles glitzerte und funkelte und trotz der hohen Geschwindigkeit, sog ich jeden Moment dieser Ride in mich auf.

Der mächtige Schwall aus Wasser und Kraft umgab mich und ein paar Sekunden später, spuckte mich genau diese Kraft aus der Welle. Ich spürte einen seltsamen Druck im Rücken und fühlte mich, als würde ich noch mehr beschleunigen.

Und dann war es vorbei. Ich richtete mich auf, fuhr den flachen Teil der Welle noch etwas entlang und ließ mich hinter die Welle in das Wasser fallen.

Meine Gefühle überschlugen sich. Ich hätte weinen, lachen und schreien können. Alles gleichzeitig.

Das restliche Set durchtauchte ich ohne Surfboard. Ich tauchte wie ein Delfin durch die restlichen Wellen, die auf mich zukamen und es hätte mich nicht gewundert, wenn meine Schreie vor Glück noch im Lineup zu hören gewesen wären.

Nach dem Set legte ich mich wieder auf das Board, paddelte zu den Jungs. Flo zog mich überschwänglich vom Brett, um mich im Wasser zu küssen.

Das war es also, auf das ich so lange gewartet hatte.

Eine Barrel.

Eine perfekte Welle.

Ich kann diese Art von Welle bis heute nicht in Worte fassen.

Die schiere Kraft des Ozeans, vermischt sich mit der Schönheit der Natur und man darf als Mensch, einige Sekunden dieser absoluten Perfektion, genießen.

Unsere Reise ist noch lange nicht zu Ende und diese eine Welle, war erst der Startschuss, zu neuen, großartigen Abenteuern die Flo und ich noch erleben sollten.

ISBN 978-3-7529-5439-5
00001
9 783752 954395
www.epubli.de

Printed in Poland
by Amazon Fulfillment
Poland Sp. z o.o., Wrocław

24981866R00141